AGROLOGIE.

TRAITÉ

DE

LA DÉTERMINATION

DES

TERRES ARABLES

DANS LE LABORATOIRE

PAR

P. DE GASPARIN

membre de la Société centrale d'agriculture de France

PARIS

IMPRIMERIE ET LIBRAIRIE D'AGRICULTURE ET D'HORTICULTURE

DE Mme Ve BOUCHARD-HUZARD,

rue de l'Éperon, 5.

1872

AGROLOGIE.

TRAITÉ

DE LA

DÉTERMINATION

DES

TERRES ARABLES

DANS LE LABORATOIRE

PAR

M. P. DE GASPARIN

membre de la Société centrale d'agriculture de France.

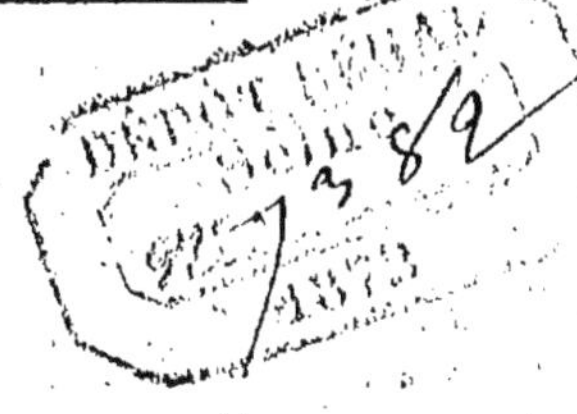

PARIS

IMPRIMERIE ET LIBRAIRIE D'AGRICULTURE ET D'HORTICULTURE

DE Mme Ve BOUCHARD-HUZARD,

RUE DE L'ÉPERON, 5.

1872

EXTRAIT DES MÉMOIRES PUBLIÉS PAR LA SOCIÉTÉ CENTRALE D'AGRICULTURE
DE FRANCE POUR 1872.

Monsieur Peligot,

Membre de l'Institut.

TÉMOIGNAGE DE PROFONDE ESTIME.

P. DE GASPARIN.

AGROLOGIE.

TRAITÉ

DE LA

DÉTERMINATION DES TERRES ARABLES

DANS LE LABORATOIRE.

AVANT-PROPOS.

L'auteur de ce Traité sent, en paraissant devant le public, le devoir qui lui est imposé de demander pardon à ses lecteurs pour l'incorrection du style et le désordre du canevas. Mais il est presque aveugle et ne peut qu'à grand'peine relire ce qu'il écrit. Des secours affectueux ne lui auraient pas manqué, ils lui ont été offerts, et il en garde une grande reconnaissance ; mais il a voulu que son enfant fût bien à lui, et se flatte que, sous ces haillons, il pourra rendre quelques services à l'agriculture française, qui a ses derniers efforts et ses derniers vœux, comme elle a eu ceux de son père.

Malgré cet isolement volontaire, il ne veut pas quitter la plume sans reconnaître ce qu'il doit à deux personnes : d'abord à son frère, le comte Agénor de

Gasparin, qui, dans une autre direction, lui a donné l'exemple d'une vie dépensée au service de toutes les belles causes, et n'a cessé de l'encourager à la persévérance dans un travail qui faisait partie de leur héritage commun ; et puis à M. Barral, secrétaire perpétuel de la Société centrale d'agriculture de France, dont les conseils, les secours, l'expérience et l'amitié ont été un de ses plus fermes appuis.

P. DE GASPARIN.

Pomerol, février 1872.

TRAITÉ

DE LA

DÉTERMINATION DES TERRES ARABLES

DANS LE LABORATOIRE.

INTRODUCTION.

Depuis longtemps les agriculteurs demandent aux chimistes des renseignements sur la nature des sols qu'ils cultivent. Ils sont fixés par l'expérience, sur la résistance du terrain aux divers agents mécaniques de la culture, sur ses qualités hygroscopiques et sur les ressources de l'exposition et du climat. Ils font donc, en général, peu de cas de ce que les agronomes appellent l'analyse physique du terrain; mais ils désirent être éclairés sur l'abondance, la rareté ou l'absence de certains éléments nécessaires ou utiles au développement de leurs cultures; et, comme ces éléments sont, en général, très-disséminés, et plusieurs d'entre eux, par une disposition providentielle, en quantité presque infinitésimale, les chimistes sont appelés à une consultation très-difficile, qui demande une grande expérience, beaucoup de temps, et les ressources les plus délicates de l'analyse : trois conditions qu'ils sont bien souvent dans l'impuissance de réunir. La réponse du laboratoire se trouve donc ordinairement sans valeur pratique ; et les agriculteurs, dégoûtés par l'inutilité de leurs tentatives, retombent sur le seul terrain qu'ils connaissent, l'expérience agricole, et ils ne sont pas loin de proclamer le divorce de la pratique et de la science, ou, pour tenir un langage plus parlementaire, de l'art et de la

science. Sans doute, ils empruntent beaucoup à la science;
elle a puissamment contribué au développement agricole du
dernier demi-siècle. Mais ces emprunts sont inconscients et
dispensent de la reconnaissance. A quoi donc se borne le
rôle du laboratoire pour la plupart des agriculteurs? à leur
donner le dosage en azote, en acide phosphorique et en potasse, des différentes matières et spécialement des engrais
commerciaux qu'ils emploient dans leurs cultures; et cela
surtout dans le but de savoir à quels prix ils payent ces trois
substances. Quant à la convenance de leur emploi, c'est à
l'expérience seule qu'ils s'adressent, et, il faut bien le
redire, ils n'ont pas tort, puisque la science répond à des
demandes très-positives par les données les plus vagues et
les plus réservées.

A côté des agriculteurs, il existe heureusement des agronomes, qui ne brillent pas toujours dans leurs tentatives de
culture, mais qui cherchent les lois générales qui lient les
phénomènes agricoles, qui veulent comparer la production
pour les différentes natures de terre et les différentes situa-
tions. Jamais ils n'approcheraient du but qu'ils poursuivent
s'ils se contentaient des renseignements donnés par les
agriculteurs sur les qualités physiques des terres qu'ils cultivent. Le même sol, suivant le canton, reçoit des agriculteurs les épithètes les plus diverses et quelquefois les plus
opposées. Les déplacements pour la vérification personnelle
sont inconciliables avec une étude scientifique. Il faut donc
aux agronomes des principes de classification simples et incontestables, faciles à établir sur échantillon sans sortir du
laboratoire. Il leur faut aussi des méthodes sûres pour doser
les substances les plus rares dans les échantillons. Ils ne
doivent demander aux agriculteurs que les échantillons eux-
mêmes, avec les données topographiques, hydrologiques,
météorologiques et économiques qui s'y rapportent. Avec
ces données et le travail de laboratoire, les agronomes feront
sérieusement ce travail de comparaison qui constitue la véritable science agricole, et, à mesure qu'il avancera, les bien-

faits du progrès scientifique se répandront sur la pratique agricole. Les agriculteurs en auront conscience, parce que la sûreté des méthodes, la confiance que donne au savant la multiplicité des coïncidences dans ses observations, convertiront les réponses vagues en réponses certaines et concluantes, qui seront une lumière dans les entreprises agricoles.

La détermination complète des terres arables dans le laboratoire est donc l'œuvre par excellence de l'avenir agricole. Un travail obstiné de quinze années m'a démontré que cette œuvre pouvait avoir dès aujourd'hui un point de départ solide. Malgré bien des obstacles, dont le principal est l'affaiblissement de ma vue, et, on me permettra de dire, surtout à cause des obstacles, j'ai voulu consigner ici les résultats de mes recherches.

On trouvera naturellement dans ce Traité la substance d'un grand nombre d'articles et de lettres que j'ai publiés dans le *Journal de l'Agriculture*. Certaines parties pourront même être reproduites textuellement. La plupart seront modifiées et corrigées; car, n'ayant aucune prétention à l'infaillibilité, j'ai passé ma vie scientifique à contrôler et à admettre ou à rejeter des données que j'avais considérées comme certaines au moment où je les communiquais au public. L'œuvre actuelle est le résultat présent de ce travail de censure; si je me décide à la publier dans cette forme plus solennelle, ce n'est pas que je la croie irréprochable et définitive, c'est parce que je pense que, malgré ses imperfections, elle renferme un assez grand fonds de certitude pour être utile. En tout cas, je peux affirmer que je n'ai pas fait un livre avec des livres. Sans doute, ancien élève de Gay-Lussac à l'École polytechnique, et curieux des connaissances physiques, je n'ai pas ignoré les progrès de la science, et j'ai puisé au fonds commun pour la science pure. Je suis seul responsable de l'application.

Plan du Traité. — Le plan est très-simple et résulte immédiatement du titre de l'ouvrage. Pour connaître les terres dans le laboratoire, il faut réunir les échantillons, les analyser, les comparer et les classer. Ces quatre opérations constituent les quatre divisions bien inégales en développement de ce volume. En effet, la réunion des échantillons ne demande que de courtes explications en un seul article. L'analyse se divise en analyse physique et analyse chimique, et demande des détails minutieux. La comparaison nécessite le rapprochement, sous divers aspects, des résultats d'analyse obtenus dans le laboratoire. Enfin, la classification mérite un examen approfondi; car il est puéril de croire qu'on peut se borner à classer les terrains agricoles sous la seule préoccupation de qualités déterminées physiques ou chimiques. Elle présente plusieurs aspects très-différents, qui, selon les cas, doivent dominer, et, pour n'en citer qu'un exemple, on peut ranger les terrains suivant l'ordre de leur ténacité ou l'ordre de leur fertilité. Il y a donc une classification économique, comme il y a une classification géographique, une classification physique, une classification géologique et une classification chimique. C'est cette variété d'aspects qu'il ne faut pas perdre de vue.

PREMIÈRE PARTIE.

Réunion des échantillons des sols arables.

Pour avoir des échantillons de quelque valeur, il est nécessaire de donner des instructions précises aux agriculteurs. Ces instructions ont été résumées par le comte de Gasparin dans un programme auquel nous n'avons que peu de modifications à apporter.

Il faut choisir dans la propriété les terrains les mieux caractérisés, ceux qui forment un groupe bien naturel, reconnu pour tel dans le canton, dont les qualités agricoles sont le plus généralement admises, et rejeter ceux qui forment des transitions d'une variété à l'autre ou des exceptions.

L'échantillon doit être pris dans toute la profondeur de la couche arable, en évitant la couche supérieure ou inférieure. On s'attachera à choisir un champ non fumé ou dont la fumure soit d'ancienne date. Un agriculteur intelligent trouvera facilement, dans une raie de labour, des fragments dans ces conditions. Il réunira ainsi une masse de 500 grammes. Après l'avoir fait dessécher au soleil de préférence, ou, à défaut, à l'intérieur de l'habitation, à une chaleur très-modérée, il l'enveloppera de plusieurs doubles de papier gris, et mettra avant le dernier double la réponse, aussi complète que possible, aux questions qui vont suivre. Les échantillons seront expédiés dans une petite caisse en bois pour éviter qu'ils ne soient altérés par le transport.

Questionnaire. — 1° Indiquer le pays, le département ou la province, la commune ou la paroisse, et la situation topographique spécifiée par le nom de la propriété, celui de la pièce de terre ou son numéro cadastral, l'orientation du point de la terre dont l'échantillon a été extrait, et au besoin des alignements, de manière à ce qu'il soit toujours possible d'en retrouver la place.

2° S'il existe des observations météorologiques, en donner le résumé, et fournir, particulièrement, les températures moyennes des différents mois de l'année, le nombre des jours de pluie par mois, et la quantité d'eau mesurée. Ce renseignement suffit une fois pour tous les échantillons du canton.

3° Quel nom donne-t-on dans le pays à la variété de terre qui compose l'échantillon (marne, glaise, bouHbène, etc.)?

4° Quelles qualités attache-t-on à cette variété de terre (terre forte, franche, légère, chaude, froide, humide, sèche, etc.)

5° Quel est l'effet des météores, de la pluie, des vents, de la gelée, de la sécheresse, sur ce terrain et les plantes qu'il porte?

6° Quelles sont les difficultés ou les facilités que présente cette nature de terre pour les labours et les récoltes?

7° Quelle est la nature des saisons qui contrarient la réussite des cultures dans la contrée (année humide, chaude, sèche, etc.)?

8° Quelles sont les plantes sauvages qui croissent le plus abondamment et le plus constamment dans ces terres (leur nom vulgaire ou scientifique)?

9° Quelle est la profondeur de la couche semblable à l'échantillon? Si la couche inférieure est différente, quelle est sa nature? A quelle profondeur trouve-t-on une couche imperméable à l'eau? Quelle est la profondeur des puits? Le niveau de l'eau qu'ils contiennent est-il constant?

10° Quelle est l'inclinaison du plan du terrain? L'écoulement des eaux y est-il facile?

11° Le terrain est-il abrité d'un ou de plusieurs côtés? Quelle est la hauteur approximative des abris?

12° Quelle est la hauteur approximative du sol au-dessus de la mer ou d'une rivière voisine?

13° Les arbres plantés dans le terrain sont-ils d'une belle venue, et quelle est leur essence?

14° A quel genre de culture croit-on ce terrain propre? Comment y réussissent les céréales, les prairies artificielles, les légumes? Y suit-on un assolement régulier? L'indiquer.

15° Quelle est la valeur vénale de l'hectare d'un pareil terrain vendu, soit séparément, soit en corps de ferme?

16° Quel est le prix de location d'un hectare de ce terrain affermé, soit séparément, soit en corps de ferme?

17° Quelle est la population de la paroisse ou de la commune, et sa contenance en hectares?

18° Quel est le prix moyen du blé? Quelle est la valeur de la journée de l'ouvrier? Quelle est l'étendue de terrain semblable à l'échantillon qu'il peut cultiver à la bêche dans la journée, et à quelle profondeur?

Classement des échantillons. — Le premier soin du chimiste doit être le classement des échantillons qu'il reçoit. Il ne peut s'agir d'une classification scientifique, puisqu'elle doit résulter de l'étude même à laquelle l'échantillon sera soumis; et, du reste, ces classifications concernent le papier plutôt que les tablettes. On doit adopter un classement géographique ou, pour parler plus rigoureusement, un classement géodésique. Il existe une affinité évidente entre la nature des terres et le relief de la surface. Les dépendances du même soulèvement ou de la même éruption volcanique, les alluvions du même fleuve, les parties du même plateau ont ensemble des rapports qui ne frappent pas moins les regards du voyageur que l'esprit du naturaliste ou du chimiste. Le classement géodésique est donc un classement naturel très-favorable à l'étude et aux comparaisons, très-commode pour les manipulations; car il n'exige aucun effort d'esprit pour mettre la main sur l'échantillon désiré. On classera donc les échantillons par vallées, montagnes, plateaux. Les divisions secondaires seront établies, dans le même système, en s'aidant sommairement des renseignements géologiques, tels que : volcans anciens, volcans modernes, transport glaciaire, formation granitique, formation calcaire, diluvium, alluvion, etc., etc. Enfin, il faut rappeler, sur l'étiquette des bocaux en verre dans lesquels les échantillons doivent être placés, le résumé des indications les plus précises fournies par l'expéditeur. Du reste, la note même, jointe à l'envoi, doit être placée dans le goulot du bocal avec chaque échantillon. Ces précautions, bien simples et puériles en apparence, sont la garantie indispensable d'un travail utile dans le laboratoire. Sans elles ou, ce qui revient au même, sans la méthode, il ne resterait plus que des études isolées dont on ne pourrait tirer aucune conclusion générale, tout travail de comparaison devenant impossible ou incertain.

DEUXIÈME PARTIE.

Analyse physique.

§ 1. — DISCUSSION DES QUALITÉS PHYSIQUES.

Il ne faut jamais perdre de vue que la connaissance que l'on poursuit est celle des avantages ou des inconvénients agricoles de chaque terrain soumis à l'étude, qu'il ne s'agit pas, par conséquent, de physique pure, mais de physique avec application spéciale. On doit donc d'abord se demander d'une manière générale quelles sont les propriétés du sol qui intéressent les agriculteurs, et la réponse servira de règle à la discussion. Le sol étant l'habitation des plantes cultivées, il faut, pour la prospérité des habitants, une station capable de les soutenir, de les entretenir à l'abri d'une sécheresse excessive et d'une humidité permanente, enfin de mettre les aliments à leur disposition et de les réserver pour leurs besoins. Ténacité suffisante, perméabilité sur une profondeur supérieure à la longueur des racines pivotantes, approvisionnement et conservation des aliments, voilà les qualités essentielles que les agriculteurs demandent à la terre.

Ces qualités sont liées à l'état de division des parties composantes et à leur nature. Il serait donc chimérique de vouloir séparer entièrement les propriétés physiques du sol de la connaissance de la nature chimique des particules qui le forment. Mais des notions sommaires sur la composition chimique suffisent à la description des propriétés physiques. On les supposera acquises dans ce qui va suivre, réservant pour le chapitre sur l'analyse chimique du sol tout ce qui concerne les déterminations des éléments, et, en particulier, les propriétés alimentaires.

Il est d'usage, parmi les agriculteurs, de diviser les terres en deux grandes classes : les terres fortes et les terres légères, et, comme transition de l'une à l'autre, les terres franches. Cette classification est incontestablement la meilleure qu'on puisse faire, en excluant les terres pierreuses, c'est-à-dire celles qui contiennent plus de 60 pour 100 de fragments pierreux plus ou moins atténués, et qui n'existent qu'à l'état de très-rare exception dans les sols arables. On dit aussi, avec un peu plus de prétention scientifique : terres sablonneuses et terres argileuses; mais dans le langage rural le mot argile n'a pas le sens précis qu'on lui donne dans la science, et s'applique à des mélanges de parties fines qui contiennent des éléments très-variables : carbonate de chaux, de magnésie, ocre, etc., etc. C'est la finesse des particules qui constitue l'argile pour le cultivateur, et, à son point de vue, il a raison. Quand on veut traduire en termes scientifiques cette classification aussi excellente que simple, c'est-à-dire quand, sans sortir du laboratoire, on veut comparer des sols de toute provenance, on est conduit à examiner les causes physiques de cette légèreté et de cette force proclamées par la pratique, et cet examen vous met en présence de principes qui présentent une analogie parfaite avec ceux qui dirigent l'ingénieur dans la composition des mortiers et des bétons ou dans la liaison des chaussées d'empierrement.

Un sol est compacte ou non compacte, continu ou discontinu, agrégé ou désagrégé, sablonneux ou argileux. Toutes ces expressions sont synonymes avec celles en usage dans les champs : un sol est fort ou léger, non pas, bien entendu, d'une manière absolue, mais dans un canton limité par comparaison avec des terres de même formation. Or la connaissance des conditions de ces différents états résulte de la connaissance du rapport entre le volume des vides des parties palpables et le volume de la partie impalpable qui est la matière de liaison et qui jouit seule des propriétés cohésives, en vertu des principes de l'attraction moléculaire. Ainsi, pour la formation du béton, il faut que le mortier, qui est la matière de liaison, remplisse les vides laissés par les graviers; pour le mortier lui-même, il faut que la chaux hydratée remplisse les vides du sable; pour les chaussées d'empierrement, il faut que la matière de liaison destinée à opérer l'agrégation, sous la pression du rouleau, soit dans un rapport exact avec les vides laissés par les pierres cassées et le gravier. Enfin le sol ne sera continu, susceptible d'agrégation ou compacte, que lorsque la partie impalpable atteindra ou dépassera le volume des vides de la partie palpable.

Il n'est pas surprenant, mais il est fort remarquable, que toutes ces études sur la liaison des particules donnent des résultats très-rapprochés. Sans doute, pour faire le béton ou le mortier, on met en présence de deux volumes du corps à agréger un volume de matière d'agrégation, et nous ne trouvons pas tout à fait un volume de vide; mais on veut dans l'art des constructions un certain excès de matière d'agrégation comme garantie d'une continuité parfaite. L'étude des vides de la partie sablonneuse d'une terre (après séparation de la partie pierreuse par tamisage, et de la partie impalpable par lévigation) nous donne constamment de 41 à 42 pour 100 de vide, c'est-à-dire, pour deux parties, quatre-vingt-trois centièmes. En raisonnant comme les ingénieurs, nous pouvons dire que la terre sera parfaitement compacte, continue ou susceptible d'agrégation, si la partie impalpable représente en volume la moitié de la partie palpable, ou bien, comme la densité de ces composants est la même, si sur 100 parties le sable en représente 67 et l'argile, entendue au sens vulgaire du mot, 33. Mais il ne faut pas oublier que le caractère est acquis, quand le rapport est $\frac{200}{83}$, c'est-à-dire quand le sable représente 71 parties et l'argile 29. C'est aussi la proportion limite qu'on emploie pour la confection des bétons. Cette argile peut être chimiquement pure, ou ocreuse, ou marneuse ; cela est indifférent pour le caractère agrologique.

Il a été facile de mesurer les vides de la partie sablonneuse, séparée de la partie impalpable, par la lévigation, en employant des pesées de précision d'un volume rigoureusement déterminé de sable sec et de sable imbibé d'eau. Le sable éprouve par l'addition de l'eau un tassement tout à fait insignifiant et qui facilite l'observation de l'affleurement du liquide. C'est ainsi que nous avons toujours trouvé pour les vides la valeur de 41 à 42 centièmes du volume du sable. Mais, pour l'argile, la difficulté d'une mesure directe nous a paru insurmontable à cause des variations de volume qu'elle éprouve au contact de l'eau. Tout au moins, nous n'avons jamais pu faire une observation rigoureuse des affleurements. Il a donc fallu recourir à un procédé indirect. La densité du sable sec est de 1.4054, la densité de l'argile sèche bien tassée est de 1.4416, tirés l'un et l'autre, bien entendu, du même échantillon. L'analyse chimique prouve qu'ils sont composés, à très-peu près, des mêmes éléments et dans la même proportion. Il est donc démontré que les vides de la partie impalpable sont les mêmes en volume que ceux de la partie sablonneuse, et que la loi qui gouverne tous les procédés d'agrégation naturelle ou artificielle s'applique rigoureusement au mélange de deux éléments impalpables l'un et l'autre, mais différents de nature chimique.

Il est maintenant facile d'expliquer la seconde qualité physique des terres, et la plus importante pour l'agriculteur, la *ténacité*. Il est évident qu'on ne peut pas parler d'une manière absolue de la ténacité d'un sol désagrégé ou discontinu, ou non compacte. Il n'est plus question que des sols compactes dans lesquels, sur 100 parties, distraction faite de la partie pierreuse, l'argile représente au moins 29 parties. Si nous examinons un sol éminemment calcaire comme les paluds du comtat Venaissin, il y a compacité ou continuité, car la proportion de la partie impalpable dépasse la moitié du poids de la terre ; mais la ténacité est très-faible. A l'auxbourguette (Tarascon), la proportion de la partie impalpable est à peu près la même, mais le carbonate de chaux n'y entre que pour moitié; la ténacité de ce sol se trouve égale, sinon supérieure, à celle des argiles pures; par la sécheresse, c'est un rocher absolument inattaquable aux instruments les plus puissants de la culture. Il y a donc dans le mélange du carbonate de chaux et de l'argile pure une proportion limite au delà de laquelle l'influence d'un excès d'argile pure est nulle sur la ténacité. Le raisonnement est d'accord avec l'expérience; il est absolument parallèle à celui qui nous a guidés dans l'étude de la compacité. Dès que la quantité d'argile est suffisante pour excéder les vides du carbonate, il y a continuité entre les particules argileuses, et leur contraction sous l'influence de la sécheresse réalise la ténacité. Réciproquement, dès que le volume du carbonate est suffisant pour excéder les vides de l'argile, il y a continuité entre les particules de carbonate; elles forment un réseau invariable qui contrarie les effets de la dilatation et de la contraction de l'argile, et le mélange devient immobile, c'est-à-dire qu'il joint à la *continuité* ou *compacité*, et à la *ténacité*, un troisième caractère que nous devons appeler l'*immobilité*.

Ces trois caractères et leurs contraires, la *discontinuité*, la *friabilité* et la *mobilité*, donnent, en se combinant, la nomenclature complète des terrains envisagés sous le rapport de leur description physique. En effet, tous les phénomènes du mouvement de l'eau dans les sols arables ou leur *perméabilité* dépendent exclusivement de ces qualités.

§ 2. — MANIPULATION PHYSIQUE.

1° *Prise de l'échantillon d'analyse.* — On prend, dans le bocal contenant les 500 grammes de l'échantillon d'envoi, et par pesée à une petite bascule trébuchant au décigramme, 100 grammes de la terre naturellement sèche ou, à défaut, ayant passé vingt-quatre heures au moins à l'étuve à 60 degrés centigrades. On formera l'échantillon avec la terre dans son état d'agrégation naturelle, en évitant de prendre les débris qui peuvent ne pas avoir la même proportion de composants de grosseur différente que le terrain naturel. Comme cet échantillon de 100 grammes doit fournir à toutes les parties de l'examen physique et chimique, il est essentiel de discuter, une fois pour toutes, la préparation de ces différents lots, afin de ne plus avoir à y revenir.

2° *Discussion de l'influence de l'état de division du sol sur ses qualités agricoles.* — Comme nous l'avons indiqué plus haut, si l'on procède à la lévigation d'un lot de terre, c'est-à-dire si l'on sépare, par un des procédés en usage (dont le plus simple est l'agitation giratoire dans un verre), la partie qui reste en suspension dans l'eau arrivée au repos après l'agitation, et si cette lévigation est faite avec soin, il ne reste plus qu'une masse sablonneuse parfaitement friable quand elle est desséchée, c'est-à-dire dépourvue de ténacité. Mais, pour peu que la lévigation soit incomplète, la consistance se manifeste dans une plus ou moins grande mesure, suivant le moins ou plus de soin apporté à l'opération. Il résulte de ce fait que la limite de grosseur des particules que l'on peut considérer comme matière de liaison réalisant la continuité du terrain et pouvant lui donner de la ténacité (quand elles sont de nature argileuse), que cette limite, disons-nous, est justement celle des particules pouvant rester un moment en suspension dans l'eau arrivée au repos après agitation.

Il faut donc, pour apprécier, dans le laboratoire, les propriétés physiques d'un sol, déterminer aussi complétement que possible la partie impalpable, et, comme on l'a vu plus haut, y joindre la connaissance de la proportion d'éléments calcaires qu'elle contient. Mais il reste une difficulté à résoudre, celle de distinguer la partie sablonneuse de la partie pierreuse. A quelle dimension s'arrêtera-t-on? Cette difficulté a été résolue empiriquement par les chimistes depuis Gay-Lussac. Tous sont convenus d'appeler *pierres* les parcelles qui ne pouvaient pas passer dans un tamis dont les trous sont de la grosseur d'une tête d'épingle, comme un passe-lait, par exemple, ou un tamis à mailles carrées en fil de laiton qui contiendrait dix fils par centimètre.

Il convient d'introduire dans ce choix la précision du raisonnement et de l'appuyer par de nombreuses expériences. Le véritable caractère de la partie pierreuse est de pouvoir être enveloppée entièrement par le sable et l'argile réunis, si ces deux lots sont en quantité suffisante. En d'autres termes, c'est le remplissage intégral des vides laissés par les pierres par les deux autres lots, en sorte que, si la densité propre de la pierre est 2.27, la densité du sable et de l'argile réunis étant 1.48, P étant le volume de la pierre et S le volume de sable et argile, la densité de la terre sera $\dfrac{P \times 2.27 + S \times 1.48}{P + S}$

Voilà la véritable définition physique de la partie qu'on peut appeler pierreuse. Elle est très-importante, car il ne faut pas croire que, dans un mélange de sable et d'argile, l'argile garnisse les vides du sable, et même accroître sa densité dans la proportion de ces vides. Il n'en est rien. Le sable, qui est de toutes les dimensions, depuis la limite de l'impalpable jusqu'à la pierre, se garnit en quelque sorte par lui-même, et l'introduction de la partie impalpable accroît le volume sans influer sur la densité d'une manière marquée, en sorte que le mélange, sable et argile, est à peine plus dense d'un dixième que le sable seul, qui contient cependant quatre dixièmes de vides.

C'est en s'appuyant sur ces faits et sur ces principes d'une manière inconsciente que les physiciens et les chimistes ont été amenés à une pratique approximative pour la détermination du lot pierreux, et sont tombés d'accord de considérer comme inerte pour la végétation toute la partie pierreuse. Cet accord est fondé, d'ailleurs, sur des données incontestables. La plupart des éléments qui composent le sol deviennent solubles dans des circonstances données et peuvent alors concourir à l'acte de la végétation ; mais cette solubilité varie, pour le même corps, avec l'état de division de ce corps ; l'impénétrabilité empêche les contacts avec les dissolvants autrement que par les surfaces. La solubilité peut donc être considérée comme proportionnelle à la surface. Les surfaces libres sont, pour le même poids de substance, en raison inverse des dimensions linéaires de leurs parties. Il faut donc déterminer sur des exemples réels et maxima les chances d'erreur d'appréciation que l'on peut commettre dans l'examen des terres arables en raison de la division adoptée pour séparer la partie pierreuse du reste de la terre. En se servant, pour cette séparation, du tamis métallique contenant dix fils de laiton par centimètre, en raison de la dimension des fils, le diamètre du sable qui passe n'excède pas 7 dixièmes de millimètre. Par ce procédé, beaucoup de terres arables ne donnent pas de pierres dans les terrains d'alluvion. Les terres de diluvium et certains terrains glaciaires contiennent de 5 à 20 pour 100 de pierres. Enfin nous n'avons trouvé dans nos analyses que très-peu de sols arables arrivant à moitié pour le lot pierreux. Nous en citerons trois : l'un est un verger d'Oliviers, le second une terre à Vigne dans le territoire de Saint-Gilles, le troisième est une terre de Roville, fournie par Mathieu de Dombasle et cotée n°° 3 et 4. *Terre de la Vallée, loin de la côte.* Cette terre a donné 48.5 pour 100 de pierres en gros fragments. On peut donc affirmer que la quotité de 50 pour 100 est le maximum du lot pierreux dans les terres arables.

Cette terre de Roville, excessivement maigre et improductive, peut nous servir d'exemple, car elle contient également une proportion minimum de parties impalpables, seulement 8.10 pour 100. Voyons donc ce qu'on néglige dans ce sol pour l'alimentation des plantes en mettant de côté le lot pierreux. Le diamètre moyen des pierres est de 5 millimètres; diamètre moyen du sable, de $0^{millim}.35$. On peut évaluer celui de l'impalpable à $0^{mm}.005$. Le lot de pierres étant 48.50, celui du sable 43.40 et celui de l'argile 8.10, les pouvoirs alimentaires ou les indices de solubilité sont :

$$\text{Pour le lot pierreux.} \ldots \quad \frac{48.50}{5000} = 0.0097$$

$$\text{Pour le sable.} \ldots \ldots \quad \frac{43.40}{350} = 0.1240 \quad \Big\} \ 1.7537$$

$$\text{Pour l'impalpable.} \ldots \quad \frac{8.10}{5} = 1.620$$

En négligeant le lot pierreux, on n'abandonne, pour l'appréciation des aliments mis à la disposition des plantes, que $\frac{91}{17537}$, c'est-à-dire à peu près 5 millièmes des éléments solubles ou assimilables. Ce maximum tout à fait exceptionnel est habituellement réduit à moins d'un dix-millième. Il est donc établi que la pratique des chimistes est conforme à la réalité des faits naturels, et que l'examen chimique peut légitimement se porter seulement sur la partie de la terre qui reste quand on a retranché les pierres par le tamisage avec un tamis en fil de laiton à mailles carrées contenant dix fils par centimètre.

Mais, au point de vue économique, la détermination exacte de ce lot a la plus grande importance. Justement parce qu'il est à peu près inerte, il tient la place de parties actives dans le sol, et la fertilité est réduite en raison de son volume. Ainsi, toutes choses égales d'ailleurs, deux terres qui contiendraient, l'une 50 pour 100 de lot pierreux, l'autre 10 pour 100, seraient, par cela même, pour la fertilité, dans le rapport de 50 à 90. C'est ce qu'il ne faut pas oublier et ce qu'on oublie trop souvent dans les classifications de terrains suivant leur valeur. Si les pierres sont gênantes pour les travaux de culture, elles sont sans influence réelle sur la consistance du sol. Comme, dans toutes les terres arables, elles sont entièrement enveloppées et en quelque sorte noyées dans les deux lots sable et argile, leur rôle est parfaitement insignifiant, pareil à celui d'un corps plongé dans une masse liquide qui n'influe pas sur la mobilité ou la pénétrabilité du fluide qui l'entoure. Seulement la densité de la terre est accrue par la présence des pierres, et elle demande, par conséquent, plus d'efforts pour soulever et

transporter le même volume. Enfin il ne faut pas perdre de
vue que, si la partie pierreuse, ce qui arrive souvent, contient un élément dont les deux autres lots sont entièrement
dépourvus, l'instinct des végétaux, surexcité par le besoin,
leur fait trouver cet élément, même sous cette forme ingrate,
et que, du reste, l'impénétrabilité des pierres n'est que relative et que la porosité tend à réduire l'influence des surfaces. Un chimiste qui voudra se rendre compte de certains
phénomènes de végétation en apparence inexplicables devra
donc constater la nature chimique du lot pierreux par un
rapide essai qualificatif.

§ 3. — Séparation des lots.

On prend l'échantillon de 100 grammes comme on l'a exposé
au paragraphe précédent. On le triture avec soin dans un
mortier de porphyre, en se servant d'un pilon en bois, et en
ayant la précaution de ne pas écraser les fragments pierreux.
On prend rapidement le sentiment de la pression suffisante
pour désagréger l'échantillon sans altérer le mode naturel
de division des parties. On ne doit pas insister sur la tritu-
ration, c'est-à-dire, on doit faire passer très-souvent la
masse au tamis métallique décrit plus haut, et on continue
ainsi jusqu'à ce qu'il ne passe plus rien au tamis. Dans la
dernière partie de l'opération, on substitue le doigt indica-
teur au pilon en bois. Tout ce qui a passé par les mailles du
tamis est réservé. Ce qui est resté sur le tamis est reçu dans
une capsule de Bayeux, à bec, et lavé à grande eau jusqu'à
ce que l'eau soit claire. Alors on recueille le résidu, on le
dessèche, on l'agite de nouveau sur le tamis en laiton, et on
pèse sur la bascule ce qui est resté sur le tamis. Le poids
constaté est consigné par écrit et est intitulé *Pierres*.

On prend la réserve *Sable et argile* qui a passé au tamis
dans la première partie de la manipulation et on la fait sécher de nouveau deux heures, à l'étuve de Gay-Lussac,
à 60 degrés. On pèse exactement, à un trébuchet sensible

au centigramme, 10 grammes de cette réserve ; on met de nouveau de côté ce qui reste pour servir à l'analyse chimique. Quant aux 10 grammes pesés, on les place dans un verre à bec et on procède à la lévigation en remplissant le verre d'eau et en imprimant à la masse un mouvement giratoire rapide avec un agitateur en verre ou, mieux encore, en bois. Cinq minutes après chaque agitation on évacue le liquide qui surnage avec une teinte uniforme, ce qui est très-facile à apprécier. On continue cette opération tant que le liquide qui surnage est trouble. En général, après quarante lavages, toute la partie impalpable est éliminée ; mais il n'y a pas de nombre fixe ; telle terre laisse le liquide clair après vingt lavages, telle autre donne encore un léger trouble au cinquantième. Il faut donc procéder avec intelligence et ne pas se contenter des à peu près. Cette ennuyeuse opération, qui dure environ cinq heures, a donné aux physiciens l'idée de suppléer par des moyens variés à la main du manipulateur. Ces moyens, qui se réduisent tous à soumettre la terre à un courant vif à l'entrée et faible à la sortie, qui entraîne les particules les plus déliées, sont parfois très-ingénieux. Mais, par cela même qu'ils sont variés, ils n'établissent pas un moyen de comparaison sûr d'un laboratoire à l'autre, et puis ils laissent à désirer en ce qui concerne l'achèvement et la perfection de l'opération. Le détachement des parcelles impalpables agglutinées avec des parcelles palpables ne peut pas s'opérer toujours par un courant uniforme. Le procédé vulgaire a l'immense avantage d'être pris, interrompu et repris, et le temps de l'imbibition comme la variété infinie des mouvements aident merveilleusement au dépouillement des parties palpables. Sans doute on peut accuser ce procédé de créer, dans une certaine mesure, de l'impalpable par des frictions répétées ; ceux qui auront longtemps pratiqué tiendront pour certain que ce risque est bien minime à côté du risque d'oublier, soit pour l'importance absolue des déterminations, soit pour les rapports des quantités entre elles.

On doit donc se tenir au vieux procédé de lévigation, et, comme il ne demande ni application ni régularité, il se concilie parfaitement avec les autres opérations courantes du laboratoire, ne retarde et n'empêche rien.

Le sable laissé dans le verre par la lévigation est reçu sur un filtre, desséché à 60 degrés et pesé au trébuchet. Son poids sert à déterminer la proportion de sable dans la terre de la manière suivante. Soit 35 décigrammes le poids trouvé. Pour 100 grammes il serait 35 grammes; si le lot pierreux est de 15 grammes, ce lot enlevé, il ne reste que 85 grammes; le lot sable est donc $\dfrac{35 \times 85}{100} = 29.75$. Quant au lot impalpable, il résulte d'une simple soustraction, et nous avons dans l'exemple cité :

$$
\left.
\begin{array}{ll}
\text{Pierres.} \ldots & 15.00 \\
\text{Sable.} \ldots & 29.75 \\
\text{Impalpable.} \ldots & 55.25
\end{array}
\right\} \ 100.00
$$

Voilà les règles fondamentales de l'établissement des lots. Sans doute on pourrait les multiplier à l'infini; mais ces subdivisions sont puériles et sans aucune utilité pratique, comme elles sont sans valeur scientifique.

§ 4. — DES CLASSES SUIVANT LES PROPRIÉTÉS PHYSIQUES.

En partant de la détermination des lots telle que nous venons de l'exposer, et en appliquant les théorèmes sur la *continuité*, la *ténacité* et l'*immobilité* que nous avons développés et démontrés dans le paragraphe 2 de cette deuxième partie de notre Traité, on caractérise physiquement les terres par grandes divisions naturelles. Ces grandes divisions étant subdivisées méthodiquement, on obtient ce qu'on appelle une classification des terres arables; nous réservons cette classification, d'après notre plan, à la fin de notre ouvrage. Il nous faut examiner les divisions principales dès à présent pour montrer le mouvement de l'eau dans chacune d'elles, ce qui est nécessaire pour compléter l'examen physique des terres. Nous supposons, dans ce qui va suivre, les pierres séparées, puisqu'elles n'importent pas aux qualités physiques du sol, et tous les chiffres se rapportent à 100 parties de ce qui reste de la terre après cette séparation.

Première division.

Plus de 70 p. 100 de sable. . . . . | Terrain discontinu.

Deuxième division.

Moins de 70 p. 100 }
Plus de 30 — } de sable. . . . . } Terrain friable, immobile, continu.
Plus de 70 p. 100 de carbonate de chaux. }

Troisième division.

Moins de 70 p. 100 }
Plus de 30 — } de sable. . . . . } Terrain tenace, immobile, continu.
Moins de 70 p. 100 }
Plus de 30 — } de carbonate de chaux. }

Quatrième division.

Plus de 30 p. 100 }
Moins de 70 — } de sable. . . . . } Terrain tenace, immobile, continu.
Moins de 30 p. 100 de carbonate de chaux. }

Cinquième division.

Moins de 30 p. 100 de sable. . . . . | Craies, marnes et argiles.

En excluant la cinquième division, qui, comme les terrains qui contiennent plus de 70 pour 100 de pierres, est généralement en dehors des sols arables proprement dits, il ne reste que quatre divisions, dont voici la synonymie :

Première division. — Sols sablonneux, terres légères, et à la limite, terres franches, c'est-à-dire quand il y a de 70 à 80 pour 100 de sable ;

Deuxième division. — Terres calcaires ;

Troisième division. — Sols argilo-calcaires, terres marneuses, terres fortes calcaires ;

Quatrième division. — Sols argileux, terres fortes siliceuses, terres argilo-siliceuses.

Il est bien entendu que les caractères ont un maximum et un minimum d'après la loi ordinaire des minima et des maxima. Le maximum du caractère de la troisième division arrivera quand le lot de sable sera de 30 pour 100 et que le carbonate de chaux et l'argile seront en proportions égales dans le lot impalpable. Il est évident que les maxima, pour les autres divisions, arrivent quand les éléments qui les caractérisent atteignent leur limite supérieure. Ainsi, pour la quatrième division, on a le maximum du caractère quand le lot de sable est de 30 pour 100 et que les 70 grammes de l'impalpable ne contiennent pas de carbonate de chaux. Donnons maintenant un exemple réel de chacune de ces divisions.

PREMIÈRE DIVISION.

Vigne de Lacryma-Christi, Vésuve, descente de Renna.

Sable. . . . . 89.40 p. 100 | Terre légère ferrugineuse.

Près de Grenouillet (Orange).

Sable. . . . . 74.40 p. 100 | Terre franche calcaire.

Alluvion du Rhône, Sauveterre (Gard).

Sable. . . . . 70.50 p. 100 | Terre franche siliceuse.

DEUXIÈME DIVISION.

Althen-les-Paluds (Vaucluse).

Sable. . . . . 48 p. 100 | Terre calcaire, compacte, immo-
Carbonate de chaux 88.55 — | bile, friable, à Garance.

TROISIÈME DIVISION.

Vigne de Rougetty (Tarascon).

Sable. . . . . 66 p. 100 | Terre argilo-calcaire, moyenne-
Carbonate de chaux. 35 — | ment tenace, immobile.

Marlignan, Orange (Vaucluse).

Sable. . . . . 43 p. 100 | Terre argilo-calcaire, très-tenace,
Carbonate de chaux. 49 — | immobile.

Castrogiovanni (Sicile).

Sable. . . . . 64 p. 100 | Terre argilo-calcaire, moyenne-
Carbonate de chaux. 39 — | ment tenace, immobile.

QUATRIÈME DIVISION.

Saint-Contest (Calvados).

Sable. . . . .   66 p. 100 } Terre faiblement tenace, sili-
Carbonate de chaux.   1.42   —   } ceuse, très-fertile, mobile.

Chigny (Morges, Suisse).

Sable. . . . .   58 p. 100 } Terre tenace, argilo-siliceuse, en
Carbonate de chaux.   4.75   —   } nature de Vigne.

Roville (Meurthe).

Sable. . . . .   52 p. 100 } Terre fertile, tenace, argilo-sili-
Carbonate de chaux.   6   —   } ceuse, mobile.

(Nicolosi, route de Catane à l'Etna).

Sable. . . . .   55 p. 100 } Terre argilo-ocreuse, humifère,
Carbonate de chaux. 10.30   —   } tenace, très-mobile.

CINQUIÈME DIVISION.

Fauxbourguette (Tarascon).

Sable. . . . .   28 p. 100 } Terre incultivable pour sa téna-
Carbonate de chaux. 41.5   —   } cité; véritable marne.

Mourre-Rouge (Orange).

Sable. . . . .   26 p. 100 } Argile réfractaire.
Carbonate de chaux.   0.70   —   }

Examinons maintenant le mouvement de l'eau dans chacune de ces grandes divisions.

Première division. — Le mouvement de l'eau est toujours
libre dans la première division, qui comprend tous les sols
discontinus caractérisés par une proportion de plus de **70**
pour 100 de sable dans la terre après séparation du lot pierreux par le tamis à mailles carrées contenant dix fils de
laiton par centimètre dans les deux sens. Tous ces terrains
sont donc naturellement drainés et échappent aux inconvénients des eaux stagnantes, à moins qu'ils ne reposent, en
faible épaisseur, sur un sol continu, auquel cas les végétaux
dont les racines pénètrent jusqu'à la couche compacte sont
soumis à tous les accidents propres à la classe à laquelle le
sous-sol appartient. Les sols discontinus joignent, à l'avantage d'un drainage naturel des eaux surabondantes, une

propriété bien précieuse, la conservation de l'humidité qui adhère aux particules sablonneuses. En effet, la discontinuité s'oppose aux effets de la capillarité, qui tend à amener cette humidité à la surface et à la dissiper par l'évaporation. Ces terrains sont donc à la fois drainés et frais. C'est cette double condition qu'on cherche à réaliser dans les sols continus par le drainage artificiel; mais les effets de cette opération restent toujours bien au-dessous de ceux du drainage naturel résultant de la constitution du sol. Bien que les opérations de drainage soient très-précieuses pour évacuer les eaux surabondantes, elles sont sans efficacité contre les sécheresses prolongées.

Il ne faudrait pas croire que les terrains discontinus participent tous, au même degré, aux propriétés d'assèchement et de fraîcheur qui les caractérisent en général. Entre le sable pur et le sable associé à 30 pour 100 d'impalpable, il y a bien des nuances. Ainsi, comme l'a établi un physicien, M. Masure, par des expériences nombreuses et bien faites, quand on trouve entre 29 et 30 pour 100 d'impalpable dans les sols siliceux, on a affaire aux terres que les agriculteurs de la Beauce nomment *terres franches*, c'est-à-dire présentant un appui convenable aux plantes, une résistance moyenne aux instruments de culture, des ressources d'aliments minéraux importantes (car, ainsi que nous l'avons expliqué plus haut, ces ressources croissent avec l'état de division des parties), enfin se ressuyant facilement et conservant un certain degré de fraîcheur. On peut, néanmoins, affirmer que le drainage est inutile dans les terres profondes, toutes les fois que le dosage de la partie impalpable n'atteint pas 30 pour 100.

Une autre différence entre les diverses terres de la première division est fondée sur la nature chimique du sable. Les phénomènes de capillarité ne sont pas identiques dans un sable siliceux et dans un sable calcaire. Le sable calcaire est doué d'une porosité et, par suite, d'une avidité pour l'eau qui, dans les saisons sèches, rend l'évaporation beaucoup plus rapide qu'elle ne l'est dans les sables siliceux. Il est facile de s'en convaincre en pesant, au bout d'un temps donné, deux caisses identiques remplies, l'une de sable calcaire, l'autre de sable siliceux, imbibés de la même quantité d'eau au début de l'expérience. On pourra donc voir, suivant les circonstances météorologiques, les végétaux exposés, dans les sables calcaires, à des accidents qui leur seront épargnés dans les sables siliceux.

Telles sont les bases secondaires qui servent à établir les genres dans les sols discontinus : la variation du dosage du lot impalpable ; la nature calcaire ou siliceuse du sable et du lot impalpable ; enfin la coloration qui dépend de la proportion d'autres éléments, le sesquioxyde de fer et les matières organiques. La coloration a une influence prépondérante sur les facultés thermiques du sol. Quelque importance qu'on ait voulu donner à la capacité propre du sol pour la chaleur, les différences de capacité spécifique entre les terrains sont trop peu marquées pour pouvoir entrer en ligne de compte, quand il s'agit de comparer ce que les agriculteurs appellent une terre froide à une terre chaude.

Malgré ces différences, les terrains discontinus participent tous au caractère général de la division, et les différences en plus ou en moins sont peu considérables, si on les met en parallèle avec l'énorme distance qui les sépare des trois classes qui constituent les sols continus. Tous les agriculteurs savent que, par des cultures profondes et répétées, on rompt artificiellement la continuité du sol, on entrave la capillarité, et on maintient la fraîcheur tout en abaissant le niveau des eaux stagnantes. C'est ainsi que l'homme parvient à tirer parti des sols compactes, et jouit de leur supériorité alimentaire ; car il ne faut pas oublier que la puissance nutritive d'un sol est, toutes choses égales d'ailleurs, en raison directe de l'atténuation des parties qui le composent. Il en résulte que les sols légers restent, en général, très-inférieurs, en produit et en valeur vénale, aux sols compactes. Il n'en a pas toujours été ainsi ; ce sont les

progrès de la mécanique agricole qui ont établi la supériorité des terrains les plus riches en aliments minéraux assimilables.

Deuxième division. — Cette division est celle des terrains
continus, souples et immobiles. Ils sont caractérisés par un
lot de moins de 70, et de plus de 30 pour 100 de sable, et
par une proportion de plus de 70 pour 100 de carbonate de
chaux dans la partie impalpable. Notons, en passant, qu'il
est rare qu'il y ait une différence notable de composition
chimique entre le lot impalpable et le lot sablonneux, ce
qui permet, en général, d'apprécier assez exactement la
proportion de l'élément calcaire en particulier, par l'analyse
générale de l'ensemble, sable et argile. Quoi qu'il en soit,
ces terrains sont ceux que les agronomes ont nommés *purement calcaires,* bien que, parfois, le calcaire entre pour
moins de moitié dans leur composition. En effet, dans des
circonstances très-rares, on trouve, dans un lot de
10 grammes, 6 grammes de sable siliceux associés à 4 gr.
d'impalpable, dans lequel le calcaire entre pour 3 grammes ;
les terrains qui présentent cette singularité sont compris
dans cette division. En général, le sable et la partie impalpable sont de la même nature, et contiennent le calcaire
dans la même proportion. Ces terrains sont, dans tous les
cas, souples et friables ; ils ont l'apparence de la cendre et
offrent, par conséquent, de grandes facilités à la culture.
Mais ils sont absolument stériles sans un transit continuel de
l'humidité, soit atmosphérique, soit souterraine. Le réseau
de calcaire impalpable qui est contenu dans le terrain est
doué d'une activité capillaire prodigieuse ; aussi ces terrains
sont-ils d'une fécondité extraordinaire, quand à des circonstances favorables, telles que la présence d'une nappe d'eau
inférieure, ou un climat pluvieux, où des arrosages réguliers, on joint une application plutôt répétée qu'abondante
d'engrais. Des terrains de cette nature, qui occupent une
vaste étendue dans le département de Vaucluse, se louent
facilement 300 francs l'hectare à l'ordinaire, et beaucoup

plus dans des positions privilégiées. On peut se rappeler, comme preuve de l'énergie du mouvement capillaire de l'eau dans le calcaire très-divisé et continu, l'expérience bien simple d'un tube ouvert aux deux bouts, bouché avec précaution, d'un côté, par un fragment de craie, rempli d'eau et renversé, par le bout libre, dans la cuve à mercure. Le transit de l'eau à travers la craie, entretenu par l'évaporation, fait élever graduellement le niveau du mercure dans le tube, sans que l'ascension soit entravée par la pression atmosphérique sur le haut du tube.

Troisième division. — La troisième division est celle des terrains continus, tenaces et immobiles. Ils sont caractérisés par un lot de sable de moins de 70 pour 100, et de plus de 30 pour 100, et par une proportion de plus de 3 dixièmes et de moins de 7 dixièmes de carbonate de chaux dans le lot impalpable. Ces terrains sont ceux que les agronomes appellent *argilo-calcaires*, et c'est dans cette classe que se trouvent la plus grande partie des terres d'alluvion ou de sédiment de la basse vallée du Rhône. Elles sont plus ou moins tenaces, suivant le poids du lot impalpable. Quand ce poids ne dépasse pas 5 grammes sur 10 grammes du mélange sable et argile, la terre est assez souple et maniable aux instruments, et se rapproche de la catégorie des terres franches sous ce rapport. Quand ce poids est compris entre 5 et 7 grammes, on a affaire à un sol très-tenace, à une véritable terre forte. Quand il dépasse 7 grammes, ces terrains deviennent de véritables marnes ou argiles marneuses, et sortent ainsi de la catégorie des sols arables proprement dits.

Ces terrains sont à la fois doués de grandes ressources et exposés à de graves dangers. Les ressources résultent de leur richesse minérale, de l'abondance du carbonate de chaux, qui leur permet de se ressuyer assez rapidement après les pluies, de façon à pouvoir porter les bêtes de labour; enfin, de l'abondance de l'argile qui empêche la déperdition des engrais qui leur sont confiés. On peut donc leur appliquer de grandes forces pour vaincre leur ténacité, et adopter des assolements à long terme, dans lesquels l'engrais appliqué aux prairies artificielles fait sentir son effet pendant plusieurs années, après qu'on les a rompues. Les dangers résultent du mouvement de l'eau dans ces terrains. Ces dangers ne sont pas moins sérieux, dans les saisons humides que dans les saisons sèches. En effet, si le sol desséché a une grande avidité pour l'eau et l'absorbe facilement, une fois imbibé, il devient, en quelque sorte, imperméable ; le mouvement de l'eau excédante devient tellement lent, que les racines des végétaux sont exposées à la pourriture, qui entraîne leur souffrance et leur mort, si le rétablissement du beau temps n'amène pas assez vite une évaporation rapide à la surface, et, par conséquent, l'activité de ce mouvement capillaire de l'humidité, qui est la condition de la vie des plantes cultivées dans les terres de cette division.

Dans les sécheresses prolongées, au contraire, l'évaporation, alimentée par l'ascension capillaire, fonctionne avec une telle énergie, que l'humidité indispensable à la nutrition des racines disparaît ; le mouvement de la séve s'arrête, et, si cet arrêt estival est trop prolongé, la plante meurt d'inanition. C'est donc dans ces terrains que les défoncements doivent avoir les plus heureux effets, et c'est là aussi qu'ils se sont généralisés depuis plus de trente années, dominant tous les autres procédés agricoles, instruments (défonceuses), plantes cultivées (Garances, Luzernes), mode de fumures, association des forces des cultivateurs, etc., etc. Mais, dès que ces cultures profondes sont interdites par une circonstance agricole permanente, le double danger que nous avons signalé reparaît dans toute son étendue. On en a fait la douloureuse expérience pour les vignobles. Autrefois, la culture de la Vigne, dans les terrains de cette nature, était tout à fait spéciale ; elle était établie par cordons, ce qu'on appelle, dans la région du sud-est de France, des *manouillères*. Quatre rangs de souches au plus séparaient, soit les parcelles, soit les héritages. Alors la Vigne participait au bienfait des cultures pratiquées dans les champs contigus qui ameublissaient le sol. A partir de 1860, en vue de bénéfices considérables et prochains, on a couvert ces terrains de vignobles continus, dont la surface seule est cultivée sur une profondeur de 15 centimètres au plus. Le sol a bientôt pris, dans toute son étendue, à un degré redoutable, les caractères d'immobilité et de ténacité attachés à sa constitution. Les conséquences ont été assez terribles pour qu'il soit inutile de s'y arrêter.

Quatrième division. — La quatrième division est celle des sols tenaces et mobiles. Ils sont caractérisés par un lot de sable de plus de 30 pour 100 et de moins de 70 pour 100, et par une proportion de moins de 3 dixièmes de carbonate de chaux dans le lot impalpable. A peu près toutes les terres fortes de la Beauce, de la Brie, de la Flandre, du Nivernais, etc., sont comprises dans cette classe. Les agronomes les appellent sols *silicéo-argileux.* Quand le lot sablonneux descend au-dessous de 30 pour 100, on sort des terres argileuses pour arriver aux véritables argiles. Les terres silicéo-argileuses, quand elles sont situées sous un climat tempéré, sont le triomphe de l'agriculture. Elles acceptent et conservent tous les engrais et tous les amendements, et ne déjouent pas à chaque instant, comme les sols argilo-calcaires, les plans agricoles les mieux combinés. Quand elles contiennent de 2 à 5 pour 100 de carbonate de chaux, elles n'ont rien à envier aux sols calcaires, pour la prospérité des fourrages légumineux (Luzernes, Sainfoins, etc.), et peuvent porter, à l'aide de riches fumures, des récoltes de Blé de 40 hectolitres par hectare. Le danger de ces terrains est dans leur peu de perméabilité. Si le sous-sol est argileux, ils deviennent impropres à la culture, et souffrent également de l'humidité surabondante et des sécheresses prolongées qui, malgré la ténacité avec laquelle les argiles siliceuses retiennent l'eau, finissent par dessécher complétement une sole de peu d'épaisseur, reposant sur un fond imperméable. Toute l'agriculture de ces terrains, en dehors de la question des engrais, consiste dans les combinaisons les plus propres à assainir le sol, le drainage, le sous-solage, les cultures en billons, en ados, et les cultures profondes partout où l'épaisseur de la sole le permet. La lutte contre l'humidité est, dans ces terrains, bien plus importante que la lutte contre la sécheresse, parce que l'ascension capillaire, provoquée par l'évaporation, est beaucoup moins active que dans les sols calcaires, combattue qu'elle est par l'affinité de l'eau pour les particules siliceuses, alumineuses et ocreuses dont sont formés les sols argilo-siliceux. Ils éprouvent, en raison même de cette affinité, des variations de volume qui constituent leur *mobilité*.

TROISIÈME PARTIE.

Analyse chimique.

§ 1. — DISCUSSION DES QUALITÉS CHIMIQUES.

Ainsi qu'on l'a vu dans la discussion des qualités physiques des terres arables, ces qualités sont liées à la nature chimique des composants. L'étude de la composition chimique d'un sol se présente donc sous deux aspects très-distincts : l'influence de cette composition sur la consistance du terrain ; sa richesse pour l'alimentation des végétaux cultivés. Il est évident que, pour ce qui regarde l'état physique du sol, les éléments très-rares sont sans influence. L'étude des composants abondants présente seule quelque intérêt à ce point de vue. En ce qui concerne l'alimentation des végétaux, c'est justement l'inverse. Tout l'intérêt s'attache aux éléments très-disséminés ; car la meilleure partie de l'art agricole consiste à suppléer, par le choix bien entendu et la répartition des engrais, à la rareté ou à l'absence des molécules organiques ou inorganiques qui, soit directement, soit indirectement, servent au développement de la vie végétale.

Le rôle de l'analyse semble donc bien différent dans les deux cas. Cependant il est un lien scientifique qui permet de réunir les deux études en une seule. Ce lien est la précision. Qui peut le plus peut le moins. Le chimiste qui sera capable de doser, avec exactitude, des composants qui n'entrent que pour des milligrammes dans un échantillon de 10 grammes d'une terre arable ne sera certainement pas embarrassé de déterminer, chemin faisant, les substances qui entrent pour des grammes, des décigrammes, ou même des centigrammes. La détermination des substances abondantes sera donc considérée, dans ce Traité, comme subordonnée à celle des substances rares.

Il semblerait naturel, au début de cette étude, d'énumérer les substances alimentaires ; mais les opinions sur cette question sont très-diverses, et le nom d'*aliment*, accordé par certains physiologistes à tous les composés chimiques qui se trouvent dans la constitution des végétaux, est refusé, par d'autres, à la plupart d'entre eux, qui ne joueraient, dans les tissus, qu'un rôle purement mécanique ou même absolument nul, car, disent-ils, ces éléments s'y trouvent en quantité variable et ont été entraînés par les liquides de l'économie ; en raison de leur abondance et de leur solubilité. Si l'on examine, du reste, la composition moyenne des végétaux, il est facile de reconnaître que les substances binaires, ternaires et quaternaires (oxygène, hydrogène, carbone et azote) forment, à elles seules, plus de 90 pour 100 du poids du végétal, en sorte que ces substances sont essentiellement les aliments de la végétation. Ces substances binaires, ternaires et quaternaires sont fournies par l'atmosphère, par les liquides qui traversent le sol et par les engrais. Le sol, vierge lui-même, c'est-à-dire le sol, abstraction faite des engrais accumulés, n'entre ordinairement que pour une bien faible proportion dans la construction organique du végétal. Sans doute, des terres en nature de marais récemment desséchés, des défrichements de bois qui ont reçu une accumulation de produits végétaux, ou des terrains d'alluvion soumis à des inondations, peuvent fournir seuls à la constitution végétale ; mais il ne faut pas perdre de vue que ce sont là des exceptions, et que ces terrains sont justement dans le même cas que ceux qui ont ce que les agriculteurs appellent une vieille force, c'est-à-dire une réserve plus ou moins forte d'engrais accumulés. L'étude des terres arables dans le laboratoire peut, sans doute, porter sur l'élévation de ces réserves ; mais, prise dans son sens le plus général et le plus abstrait, elle est, dans une grande mesure, indépendante de la recherche des composés binaires, ternaires et quaternaires (oxygène, hydrogène, carbone et azote), qui forment la masse des végétaux. On ne saurait trop le répéter, le sol doit fournir l'habitation des plantes, habitation sûre et commode, la conservation suffisante des éléments organiques fournis par l'atmosphère, par les eaux et par les engrais apportés, enfin les éléments fixes qui entrent d'une manière constante dans le squelette des végétaux, et principalement dans les graines qui doivent les reproduire et les résument en quelque sorte.

En partant de cette base solide et incontestable, il importe donc de reconnaître ces éléments fixes et de déterminer non-seulement leur présence, mais leur dosage et leur dissémination dans les sols arables. A croire certains chimistes, ils seraient en nombre très-considérable, et en effet, si l'on ne sait pas distinguer les sommets et si l'on se laisse entraîner à la suite de certaines idiosyncrasies, l'exception étouffe la règle. La présence de la soude, dans le Salsola-soda, dans le Tamaris ou dans la Betterave ; celle du soufre, dans les Crucifères ; de l'iode, dans le Cresson alénois, etc., accroîtraient indéfiniment la liste des éléments fixes qui constituent les plantes. Mais, quand on résume ces études, les sommets, ainsi que nous le disions tout à l'heure, dominent toutes ces curiosités scientifiques ; et on reconnaît que les seuls éléments fixes qui, par la généralité et la constance de leur répartition, dans les végétaux, méritent le nom d'aliments des plantes sont : la *potasse*, la *chaux*, la *magnésie*, le *fer à divers degrés d'oxydation*, l'*acide phosphorique*, et la *silice*. C'est donc sur ces éléments binaires que doit porter principalement l'étude des sols arables. Cette étude très-distincte de la physiologie ne préjuge pas le mode de combinaison saline dans laquelle ces éléments se trouvent engagés dans la plante. La cellule vivante est un laboratoire merveilleux, qui produit sans peine des combinaisons organiques, dont la reproduction dans le laboratoire est un triomphe de la science, dont les plus illustres chimistes ne nous donnent que des exemples rares et admirables. L'étude des végétaux incinérés détruit toutes ces combinaisons, et l'analyse immédiate la plus délicate peut seule nous faire toucher au doigt ces composés organiques acides, alcalins ou neutres si variés, et doués de propriétés si diverses. Cette recherche comme cette discussion sortent du plan de ce Traité ; l'agrologue est satisfait quand il a constaté la présence et la quantité des éléments fixes, et quand il a reconnu que leur état de dissémination et de combinaison les met à la disposition des végétaux. Son travail sera complet s'il y joint la connaissance des pouvoirs conservateurs du terrain pour les aliments qui lui sont apportés par les météores et la main de l'homme.

De cette discussion ressort le plan de l'étude chimique des sols arables. Elle portera sur le dosage de la potasse, de la chaux, de la magnésie, du fer, de l'acide silicique et de l'acide phosphorique, et subsidiairement sur l'influence de la composition générale du sol, sur ses qualités comme habitation de la plante et conservation de ses aliments.

La première difficulté qui se pose devant l'analyse est celle-ci : Quelle est la répartition, dans le sol, des aliments fixes assimilables ? Si cette répartition est parfaite, le premier échantillon venu suffira à l'étude d'un champ, et l'importance de l'échantillon sera déterminée uniquement par la nécessité d'obtenir des quantités pondérables des éléments les plus rares. Si, au contraire, la répartition est inégale, la recherche est vaine ; en effet, comment déterminer le nombre d'échantillons sur l'étude desquels on pourrait asseoir une moyenne rationnelle ? Et, quand même on le pourrait, le temps manquerait nécessairement à l'étude. Sans doute, il est des terrains qu'on pourrait appeler de *transition*, qui contiennent des mélanges en proportions inégales, suivant la place, de diverses alluvions, et sur lesquels l'étude limitée ne donnerait que des notions vaines et incomplètes. Ces sols de transition échappent à l'analyse, comme ils échappent à toute classification; mais ils sont signalés à l'observation par l'inégalité même de leurs produits. Le champ a des parties bonnes, médiocres ou mauvaises pour telle ou telle récolte. Si, au contraire, la production est uniforme, si la qualité d'une terre est reconnue et constatée dans un canton, il existe une forte présomption de la dissémination parfaite des aliments fixes, nécessaires au développement des plantes cultivées ; cette qualité de sol peut être comprise dans le plan d'études de l'agronome. Ce raisonnement *à priori* est confirmé *à posteriori* par l'expérience. L'étude d'échantillons nombreux du même sol, faite à de grands intervalles, donne constamment à l'analyste des résultats identiques, ou tellement rapprochés, qu'il ne peut pas se méprendre sur la nature et les qualités du terrain ; il en arrive à un degré de certitude tel qu'il reconnaît des échantillons donnés sous de faux intitulés, et leur assigne leur véritable origine, sinon minutieusement, au moins dans les lignes maîtresses, celles qui guident les agriculteurs pratiques et leur font assigner, dans chaque canton, un rang et une dénomination particulière aux terres douées des mêmes attributs.

La théorie agricole et la pratique du laboratoire se réunissent donc pour limiter en nombre et en poids l'étude des échantillons dans les bornes indispensables à un examen analytique complet.

Dans l'étude des qualités physiques du terrain, il a

été établi que l'examen ne devait porter que sur le sol naturel, distraction faite de la partie pierreuse, qui pourrait, sans erreur appréciable, être regardée comme inerte, comme un corps plongé dans une masse liquide qui n'en altère pas les propriétés, mais qui tient une place dont il faut seulement tenir compte. Ce raisonnement s'applique *à fortiori* à l'étude des propriétés chimiques du sol. Toute la partie pierreuse est considérée comme inerte, et c'est sur ce qui reste après sa séparation que doit porter l'analyse. On se rappelle que nous avons opéré cette séparation sur un échantillon de 100 grammes, par le passage répété au tamis métallique (à mailles carrées contenant dix fils par centimètre dans les deux sens), après des frictions douces continuées jusqu'à ce qu'il ne passe plus rien au tamis. La partie qui a passé au tamis, et qui est de beaucoup la plus considérable, souvent toute la terre, jamais moins de 50 grammes, ordinairement de 80 à 95 grammes, est soigneusement brassée et mélangée de façon à présenter une parfaite uniformité. On en a extrait 10 grammes pour achever l'analyse physique par la séparation de la partie impalpable. C'est sur ce qui reste que sont pris les échantillons pour l'analyse chimique. A cet effet, on fait passer la masse au tamis de soie, et on porphyrise le résidu au mortier d'agate, jusqu'à ce que tout ait passé. On brasse de nouveau avec soin, et on tient la terre ainsi pulvérisée dans l'étuve de Gay-Lussac, maintenue entre 70 et 80 degrés centigrades. On arrive rapidement à régler le chauffage de manière à ne pas dépasser cette température. En tout cas l'étuve doit, pour cette destination, être garnie d'eau ordinaire, afin que les enveloppes en cuivre aient toujours une température inférieure à 100 degrés.

Il s'agit maintenant de déterminer les composants de la terre. Ils n'ont pas tous la même importance. Pour le dosage du fer, de la silice, de l'alumine et de la chaux, dans la plupart des cas un échantillon de 5 grammes suffirait amplement. Mais la magnésie, la potasse et l'acide phosphorique sont ordinairement en très-petite quantité, sauf dans des sols exceptionnels. Il faut donc que l'échantillon fournisse un poids appréciable de ces trois substances, et dans les sols siliceux, silicéo-argileux et granitiques la chaux est parfois d'une rareté encore plus grande. Pour se faire une idée nette du poids à adopter pour l'échantillon d'analyse, il faut recourir à l'expérience, examiner les dosages obtenus et l'équivalent chimique qui a servi à les constater. On reconnaît ainsi que le dosage moyen de l'acide phosphorique attaquable est de 1 demi-millième du poids de la terre, et qu'il ne descend pas au-dessous de 3 dix-millièmes et demi. Il est pesé à l'état de phosphate bibasique de magnésie, dont l'équivalent est $8,75 + 500 = 1.375$. Le poids de 3 dix-millièmes et demi d'acide phosphorique correspond donc à $\dfrac{3.5 \times 1,375}{875} = 5.5$. On aura donc à peser 5 dix-millièmes et demi du poids de la terre. Si on opère sur un échantillon de 20 grammes, la pesée la plus délicate sera de 11 *milligrammes*, quantité très-rigoureusement appréciable avec une bonne balance de précision, qui doit indiquer franchement le demi-milligramme. On opérera donc sur 20 grammes d'échantillon, pour la détermination de l'acide phosphorique attaquable, et, comme cette détermination est séparée du reste de l'analyse et demande un échantillon à part, sa dimension est sans inconvénient.

Le dosage de la potasse attaquable se rapproche beaucoup, pour le poids moyen, de celui de l'acide phosphorique ; mais comme la potasse se dose par le poids du platine combiné dans le chloroplatinate de potasse, et que le rapport des équivalents du platine et de la potasse est de plus de 2 à 1, un échantillon de 10 grammes de la terre suffit parfaitement au dosage exact, par pesée, de la potasse attaquable. Quant à la magnésie, elle est habituellement plus abondante, et le même échantillon qui sert à doser la potasse peut servir *à fortiori* à doser tous les autres éléments, sauf l'acide phosphorique.

Mais la substance qui est parfois la plus rare, ainsi que
nous l'avons dit plus haut, est la chaux, et l'échantillon le
plus volumineux n'en donne souvent que des traces impondérables. Cette constatation sur un échantillon de 10 grammes
suffit, en général, à l'agronome et au praticien. Dans certains
cas où les phénomènes de la végétation décèlent, en dépit
du laboratoire, la présence abondante de la chaux dans les
produits du sol, ce n'est pas la dimension des échantillons
qui donnera l'explication. Il faudra recourir soit à l'analyse de la partie inattaquable, soit à celle des eaux adventices, soit, le plus souvent, à l'examen attentif du sous-sol.

Ces points essentiels fixés, nous entrons *de plano* dans la
détermination de l'acide phosphorique, qui est incontestablement la plus importante, et qui, on le verra par les faits,
est à elle seule l'indice suffisant de la fertilité dans la plupart des cas, en sorte que la classification des terrains par
ordre de richesse, ce qu'on pourrait appeler leur classification économique, coïncide avec la série descendante de leur
dosage en acide phosphorique attaquable.

§ 2. — Dosage de l'acide phosphorique attaquable.

La discussion des procédés employés pour le dosage de
l'acide phosphorique demanderait à elle seule un gros volume. La plupart des méthodes recommandées par des analystes distingués ont été employées par l'auteur de ce traité,
dans son laboratoire, non pas comme simple essai, mais
pour des déterminations nombreuses. Elles peuvent rendre
et rendent tous les jours des services, quand il s'agit de doser des quantités notables d'acide phosphorique ; mais, elles
sont infidèles ou impuissantes pour la détermination de cet
acide dans les terres arables. Seul, le procédé qui emploie,
comme réactif principal, le nitromolybdate d'ammoniaque
donne, dans ce cas, des résultats rationnels et certains. Ce
procédé a cela de particulier, qu'il devient inapplicable, dès
qu'il s'agit de déterminer un dosage considérable d'acide

phosphorique, à cause de la masse énorme de réactif à employer. En effet, pour que le nitromolybdate d'ammoniaque sépare tout l'acide phosphorique dans une liqueur acide, il faut que le poids de l'acide molybdique engagé soit *quarante fois* plus fort que celui de l'acide phosphorique à précipiter. Au-dessus de cette proportion, le précipité n'est plus complet, et on voit les lavages avec le réactif déterminer un nouveau précipité dans le liquide de filtration. Ce réactif, en dehors de son importance dans l'analyse qualitative, ne peut donc être employé dans l'analyse quantitative que dans les cas où le dosage est très-faible, comme dans les sols arables ; même quand l'analyse indique des quantités importantes, comme cela se voit dans les sols volcaniques en particulier, qui contiennent quelquefois jusqu'à 6 millièmes de leur poids en acide phosphorique, un échantillon de 20 grammes fournirait 12 centigrammes d'acide phosphorique, dont la précipitation complète exigerait une masse de nitromolybdate d'ammoniaque contenant 5 grammes d'acide molybdique engagé. Il faut, dans les terrains de cette nature, faire porter la détermination sur un échantillon de 10 grammes au plus.

Préparation des réactifs. 1° Nitromolybdate d'ammoniaque. — On trouve, dans le commerce des produits chimiques, l'acide molybdique à peu près préparé par le grillage du sulfure de molybdène, dont les ingénieurs des mines (M. Meissonier) ont trouvé des gisements importants en Corse, ce qui assure l'approvisionnement de ce métal. On prépare aussi l'acide molybdique par le traitement, en digestion prolongée, du sulfure de molybdène pulvérisé (avec l'aide d'un mélange de sable siliceux), dans de l'acide azotique. La masse reprise par l'ammoniaque donne, par filtration, un molybdate d'ammoniaque, dont l'évaporation et la calcination au rouge sombre laissent de l'acide molybdique à peu près pur. Soit qu'on prépare directement l'acide molybdique, soit qu'on l'achète, il faut le purifier entièrement, et surtout faire passer l'acide phosphorique, qu'il retient toujours, à l'état tribasique, afin qu'il se sépare de lui-même dans le réactif. A cet effet, on fait digérer l'acide molybdique, pendant vingt-quatre heures au moins, au bain-marie, avec de l'acide azotique étendu. A la fin de la digestion, on pousse l'évaporation jusqu'à ce que la masse soit sèche, et ne donne plus que des traces d'odeur nitrique. Si l'on agit sur 10 grammes d'acide molybdique, on le redissout dans 40 centimètres cubes d'ammoniaque caustique à 26 degrés. On a préparé, dans un grand verre à expérience, 150 centimètres cubes d'un liquide contenant 80 centimètres cubes d'acide azotique à 40 degrés, et le reste en eau distillée. On verse la dissolution molybdique ammoniacale, filtrée au besoin, dans la liqueur azotique, peu à peu et en agitant constamment avec une baguette en verre. Le réactif est préparé ; il pourra servir après qu'une digestion de huit jours environ en aura séparé tout l'acide phosphorique que contient le minerai à l'état du phosphomolybdate d'ammoniaque. On voit que 20 centimètres cubes de ce liquide contiennent très-approximativement 1 gramme d'acide molybdique. On peut, du reste, pour plus de rigueur, compléter les 200 centimètres cubes, en ajoutant 10 centimètres cubes d'eau distillée à l'ammoniaque caustique, qui est employée à la dissolution de l'acide molybdique. 20 centimètres cubes de ce liquide suffisent donc à la précipitation complète de 25 milligrammes d'acide phosphorique. Dans les terres ordinaires, le réactif préparé avec 10 grammes d'acide molybdique suffira donc à dix analyses.

2° *Solution magnésienne chlorhydrique ammoniacale.* — Le point principal de la recherche de l'acide phosphorique, en quantité minime, est la certitude absolue de l'absence de cet acide dans tous les corps employés pendant l'opération. L'acide azotique et l'acide chlorhydrique distillés n'en peuvent pas contenir ; mais tous les sels à base fixe peuvent en retenir, et en retiennent ordinairement : les sels de potasse en quantité importante, les sels de magnésie et de soude en moindre proportion, mais en proportion toujours sensible. Comme l'acide phosphorique doit toujours être dosé, en fin d'analyse, à l'état de phosphate bibasique de

magnésie, il faut que le réactif qui fournira la magnésie
ait rejeté automatiquement l'acide phosphorique. C'est ce
qui a conduit les analystes à engager le sulfate de magnésie
dans une solution complexe contenant 10 grammes de
sulfate de magnésie, 10 grammes de chlorhydrate d'ammoniaque dissous dans 40 centimètres cubes d'ammoniaque
caustique à 26 degrés, allongés de 80 centimètres cubes
d'eau distillée. On obtient ainsi 133 centimètres cubes d'un
liquide qui contient à peu près exactement 1 gr. 60 de magnésie, et pouvant précipiter, par conséquent, 2 gr. 80 d'acide
phosphorique. 5 centimètres cubes de ce liquide suffiront
donc à précipiter 1 décigramme d'acide phosphorique,
c'est-à-dire une quantité très-supérieure à celle que contient
d'ordinaire l'échantillon de 20 grammes d'une terre arable.
Il est important de restreindre, autant que possible, l'affusion
de ce réactif, parce que le phosphate ammoniaco-magnésien
qu'on obtient est d'autant plus insoluble que la liqueur
ammoniacale contient, avec le moindre volume, la moindre
quantité de chlorhydrate d'ammoniaque. Ce réactif, comme
le précédent, doit être préparé huit jours à l'avance au
moins, afin que l'acide phosphorique contenu dans le sulfate de magnésie soit séparé autant que le permet la nature
du liquide. En tout cas, l'emploi de 5 centimètres cubes du
liquide clair ne peut pas ajouter à l'opération plus de
2 dixièmes de milligramme d'acide phosphorique, et comme
les lavages nécessaires entraînent, en raison de la solubilité
du phosphate ammoniaco-magnésien dans les liquides employés, environ 2 milligrammes d'acide phosphorique, il
faudra, au contraire, ajouter au dosage, en fin d'analyse,
quand il y aura un dosage pondérable, la quantité de 1^{mm}.8.
Cette discussion est recommandée à l'attention des analystes.

Exécution du dosage. — Muni de ces deux réactifs,
l'analyste prend, dans l'étuve à 80 degrés centigrades,
la terre finement pulvérisée et pèse, à la balance de précision, un échantillon de 20 grammes s'il s'agit d'un
diluvium ou d'une alluvion ordinaire, de 10 grammes
s'il s'agit d'un sol volcanique. Cet échantillon, placé

dans une capsule ronde en porcelaine de Sèvres cuite à grand feu, est imbibé fortement d'acide azotique et placé sur le bain de sable. Quand il n'émet plus de vapeurs azotiques, il est calciné à la lampe à feu nu. Cette opération indispensable a pour but, à la fois, d'oxyder les matières organiques et de les détruire sans risquer d'amener la réduction de l'acide phosphorique. Dans les analyses organiques, on fixe le phosphore en projetant la matière, par petites parties, dans un creuset chauffé au rouge, après l'avoir mélangée avec un flux oxydant composé principalement d'azotate de potasse. Cette méthode doit être rejetée dans l'analyse des terres, car l'azotate de potasse contient habituellement plus d'acide phosphorique que la terre elle-même. L'acide azotique distillé n'en contient jamais et suffit au maintien de la totalité de l'acide phosphorique de l'échantillon. Le produit de la calcination est détaché de la capsule, pulvérisé et calciné de nouveau à la lampe à double courant dans un creuset de platine surmonté d'une cheminée. La capsule en porcelaine est chauffée elle-même à la lampe à double courant pour calciner, autant que possible, les petits restes de sels de fer qui enduisent ses parois et n'ont pu être recueillis, malgré le soin apporté à l'opération. Le but de cette seconde calcination est de rendre inattaquable par les acides dilués l'oxyde de fer contenu dans l'échantillon ; la même opération exclut également la silice des filtrations acides qui recueilleront les phosphates. Or il est indispensable, pour la sûreté de la détermination, d'être débarrassé des matières organiques, de la silice et du fer. Il reste toujours une partie de cette dernière substance ; c'est celle-là même qui est engagée avec l'acide phosphorique à l'état de phosphate ; mais, dans cette proportion réduite, le fer n'est plus un inconvénient sérieux. En tout cas, c'est un inconvénient inévitable. Le contenu du creuset est reversé dans la capsule, et la masse est mise en digestion à froid avec de l'acide azotique étendu mis en quantité suffisante pour que le mélange, brassé avec soin, ait une réaction franchement acide.

Au bout de vingt-quatre heures on filtre, après avoir en

soin de laver le filtre avec l'acide azotique dilué, afin qu'il n'apporte pas lui-même de l'acide phosphorique à l'expérience. On lave minutieusement sur filtre, à l'eau distillée froide, et le liquide recueilli est mis en évaporation dans une capsule au bain-marie. Cette évaporation est et doit être longue, car il s'agit non-seulement de cohober le liquide et de le réduire à un volume de 20 centimètres cubes environ, mais encore de ramener l'acide phosphorique à l'état tribasique que la calcination lui aurait fait perdre, si toutefois il existait à cet état dans le sol. Il faut donc, au besoin, ajouter de l'acide azotique dilué, de manière à ce que la durée de l'opération soit au moins de vingt-quatre heures.

La concentration de la solution nitrique au bain-marie présente, dans le cas où le sol contient une proportion notable de carbonate de chaux, une circonstance particulière. La silice séparée dans la calcination par la chaux et qui a passé à travers le filtre se prend en gelée, et devient immobile au fond de la capsule. Il faut alors délayer cette gelée avec de l'eau distillée, légèrement acidulée par l'acide azotique, et filtrer en lavant avec soin. La silice reste sur le filtre. Le liquide de filtration est de nouveau concentré au bain-marie, et cette seconde concentration est une garantie de plus de la transformation de l'acide phosphorique en l'état tribasique.

Le liquide, réduit à 20 centimètres cubes, est reçu dans un verre à expérience et allongé de 20 centimètres cubes de nitromolybdate d'ammoniaque. Le mélange jaunit rapidement, et bientôt il se précipite, au fond du vase et sur les parois, une poudre jaune qui est du phospho-molybdate d'ammoniaque. Avec un peu de pratique on reconnaît immédiatement l'importance du précipité, et, s'il paraît plus abondant que dans la moyenne des analyses, il est prudent d'ajouter encore 10 centimètres cubes de nitromolybdate d'ammoniaque, afin de s'assurer des résultats complets. On laisse le mélange en digestion vingt-quatre heures, en agitant de temps en temps, avec précaution, avec une baguette, et évitant, autant que possible, les frictions sur les parois.

Au bout de ce temps, on reçoit le précipité sur un petit filtre lavé d'avance avec le réactif, et, la filtration achevée, on lave avec le nitromolybdate d'ammoniaque. C'est ce lavage qui signale d'une manière certaine le complet de la séparation ; en effet, si l'affusion du réactif a été insuffisante pour la proportion d'acide phosphorique contenue dans la terre, les eaux de lavage, en tombant dans le liquide de filtration, y déterminent, au bout de quelques heures, un nouveau précipité, qu'il faut recueillir à part pour le joindre à celui sur filtre, si mieux on n'aime recommencer l'opération sur un échantillon de terre moins volumineux. Mais cette difficulté cesse bientôt d'en être une pour l'analyste exercé, qui reconnaît, ainsi qu'on l'a dit plus haut, à l'abondance du précipité dans la terre à expérience, l'inutilité ou la convenance de l'augmentation d'emploi du réactif.

On fait repasser le phosphomolybdate d'ammoniaque lavé, à travers le filtre, au moyen de l'ammoniaque caustique étendue de trois fois son volume d'eau distillée, et on reçoit la filtration dans le même verre à expérience qui a servi à la précipitation, et qui garde toujours sur ses parois, malgré le lavage, des parcelles du précipité. Il arrive que le précipité retient une petite quantité de fer provenant justement de celui qui est engagé à l'état de phosphate et qui a été redissous, après calcination de la terre, par l'attaque à froid de l'acide azotique dilué. Quelques analystes le séparent sur filtre par un lavage d'acide citrique. Si l'on a suivi exactement la marche que nous indiquons, on pourra se contenter de faire repasser la solution ammoniacale à travers le filtre, avant de laver le filtre avec de l'ammoniaque diluée. La minime quantité de fer qu'elle peut contenir restera entièrement sur le filtre.

On versera alors, dans la solution ammoniacale, le réactif n° 2 au sulfate de magnésie à la dose de 5 centimètres cubes. Il se manifestera bientôt un trouble, et, par la digestion, il se séparera du phosphate ammoniaco-magnésien. On filtrera, au bout de vingt-quatre heures, sur un petit filtre ; on lavera avec de l'ammoniaque caustique étendue de trois volumes d'eau distillée. 25 centimètres cubes bien employés suffisent à ce lavage. Le phosphate ammoniaco-magnésien desséché est recueilli, calciné dans un petit creuset, et le poids du phosphate bibasique de magnésie multiplié par 0.64 donne celui de l'acide phosphorique contenu dans l'échantillon. Seulement il faudra, pour avoir un dosage complet, ajouter à ce poids 0gr.0018 pour pertes occasionnées par la solubilité du phosphate ammoniaco-magnésien dans le liquide de précipitation et le liquide de lavage.

Voici le tableau de quelques résultats donnés par l'application de cette méthode. Nous l'avons rangé par ordre d'abondance, pour **100 grammes de terre**.

	Gr.
1. Nicolosi, route de Catane à l'Etna, Vigne Gemellara.	0.620
2. Pont-du-Château, Limagne d'Auvergne, basaltique.	0.416
3. Lacryma-Christi, Vésuve, descente de Renna.	0.358
4. Pæstum (Possidonia), provinces napolitaines.	0.316
5. Aréna, Corse.	0.219
6. Étang, jardins potagers, Orange.	0.165
7. Saint-Contest, près Caen (Calvados).	0.120
8. Voreppe (Isère), envoi de M. Durand.	0.134
9. Roville (Meurthe), bas de la côte, fertile.	0.134
10. Roville (Meurthe), vallée.	0.102
11. Syracuse, Vignes, paèse nuovo.	0.094
12. Roville (Meurthe), vallée près de la côte.	0.087
13. Roville, terrain dolomitique.	0.087
14. Ajaccio, pépinières départementales.	?0.095
15. Launac, Vigne de M. Marès (Hérault).	0.063
16. Roville, terre de la côte.	0.057
17. Althen-les-Paluds (Vaucluse), terre calcaire.	0.054
18. Sables de la Hart (Alsace).	0.053
19. Terre de Laboryte, Paulhaguet, terre de gneiss.	0.051
20. Annonay, Gondras, sables granitiques.	0.037

Nous pourrions étendre beaucoup ce tableau ; mais, tel qu'il est, il suffit à un double but. Il montre d'abord que l'acide phosphorique, comme on pouvait le présumer par les cultures, se retrouve dans tous les terrains et dans toutes les roches dont les débris ont servi à les constituer ; les granits, les gneiss, les calcaires, les dolomies en contiennent sans exception. Les sols volcaniques en présentent une proportion énorme. Les terres d'alluvion, ou les sols lavés périodiquement par les eaux, sont, au contraire, assez pauvres. Les sols intermédiaires comme richesse sont ceux qui sont soustraits à l'action des courants ou qui reçoivent et évaporent les eaux en raison de leur nature et de leur position (les marais ou étangs). Le sol le plus pauvre du tableau sous le n° 20 est, en effet, une terre stérile, et cependant il contient encore, à raison de 400 kilogrammes de terre par mètre carré, 148 grammes d'acide phosphorique attaquable par mètre, ou 1,480 kilogrammes par hectare. La Vigne de M. Gemellara, à Nicolosi, ne contient pas moins de 24,800 kilogrammes par hectare. L'écart est donc de 1 à 20. Peut-on dire qu'il soit indifférent à l'agriculteur de savoir à quel degré se trouvent ses terres sur une échelle si étendue?

Le second point de vue est celui-ci : la parfaite dissémination de l'acide phosphorique dans la terre arable tout entière, et, par conséquent, la sûreté des conclusions à tirer de l'analyse. En effet, non-seulement les résultats obtenus peuvent se classer par nature de formation, mais encore, si l'on prend au hasard un nombre considérable d'échantillons, sans se limiter à la même terre, mais en restant dans les terrains de même formation, les dosages se conforment l'un l'autre. Dans les sols calcaires du midi de la France le dosage varie de 0.045 à 0.055, sans sortir de ces limites. Les terrains de gneiss de l'Auvergne présentent exactement la même proportion. L'inégalité des terres de Roville tient à la différence de formation, et la plus fertile a le plus fort dosage, comme les plus stériles ont le plus faible.

Ces remarques suffisent à présent; elles seront développées quand on traitera de la classification.

§ 3. — Dosage de la potasse.

Comme le dosage de la potasse entraîne celui de tous les autres éléments minéraux qui constituent le sol arable, il faut, pour éviter toute confusion, établir une notation qui permette de reconnaître sur-le-champ les différentes transformations de ces éléments. On va donc poursuivre le dosage de la potasse attaquable, en notant par les lettres majuscules de l'alphabet tous les précipités recueillis, et par les lettres minuscules grecques tous les liquides réservés. On reprendra plus tard ces précipités et ces liquides en traitant de chaque élément.

L'analyse des produits végétaux nous montre la présence de la potasse assimilable dans tous les sols arables. L'analyse des terres confirme cette donnée expérimentale; mais la quantité mise à la disposition des végétaux est bien variable suivant les terrains, et cette variation explique au même degré que celle de l'acide phosphorique la pauvreté originelle ou l'appauvrissement par la culture même de beaucoup de champs. Cet appauvrissement n'a pas de gravité dans les sols dont la composition minérale permet la reconstitution du capital disponible. Le repos aidé de cultures intelligentes rétablit rapidement la fertilité sous ce rapport. En effet, il est acquis à la science que les silicates alcalins, inattaquables en apparence dans le laboratoire par les voies acides, se décomposent peu à peu sous l'action du temps et des météores. Ainsi, on admet généralement que les argiles sont le résultat de la décomposition des granits, et on peut vérifier journellement ce fait que les eaux de pluie qui traversent les sols granitiques sont chargées d'une faible proportion de potasse et de silice à l'état naissant, qui ne peuvent provenir que de l'altération des silicates, du feldspath et mica. Quand donc on se propose de déterminer la richesse d'un sol en potasse, il faut distinguer la richesse disponible et la richesse de réserve. Ces deux déterminations sont distinctes et feront l'objet de deux opérations dans l'analyse.

1° *Dosage de la potasse attaquable.* — Les analystes ont usé, jusqu'à présent, d'une grande latitude dans l'interprétation du mot *attaquable*, et cette latitude est justement la principale raison qui a empêché de fonder l'agrologie sur des bases solides. En effet, si un chimiste attaque la terre par l'acide azotique, un autre par l'acide acétique, un troisième par l'acide chlorhydrique étendu, un quatrième par l'acide concentré, un cinquième par l'eau régale, un dernier enfin par l'un de ces moyens après une torréfaction de la terre, évidemment les résultats ne seront pas comparables, et les agriculteurs ne manqueront pas de proclamer la vanité de recherches dans lesquelles des savants consciencieux et estimés ne peuvent pas se mettre d'accord. Mais il ne faut pas seulement établir l'accord entre les laboratoires qui s'occupent de recherches agrologiques, il faut encore qu'un seul analyste soit toujours d'accord avec lui-même, c'est-à-dire que l'analyse d'une terre répétée dans son laboratoire lui donne toujours des résultats identiques. Il faut, pour cela, que les attaques soient identiques. Elles doivent, par conséquent, être soustraites entièrement à la fantaisie et satisfaire à un *criterium* invariable. Ce criterium est la réduction de tout le fer contenu dans l'échantillon soumis à l'analyse (qui n'est pas sous forme de silicate inattaquable ou d'oxyde calciné) à l'état de deutochlorure, en sorte que le résidu de l'attaque acide soumis à la calcination devienne parfaitement blanc ou ne conserve que cette légère teinte grisâtre, qui est due à la difficulté de faire disparaître les dernières traces des matières charbonneuses. On atteint ce résultat, *sûrement* et *seulement*, par l'emploi dans l'attaque de l'eau régale avec excès d'acide chlorhydrique et à chaud.

Voici comment on procède. On sort de l'étuve à 80 degrés la masse pulvérisée réservée, et on pèse à la balance de précision un échantillon de 10 grammes, qu'on place dans une capsule de Bayeux de 11 à 13 centimètres de diamètre. On imbibe la terre avec un peu d'eau distillée, tant qu'il y a effervescence. Dès que le dégagement de gaz est arrêté, on verse dans la capsule un mélange de 10 centimètres cubes d'acide azotique distillé et de 30 centimètres cubes d'acide chlorhydrique distillé. On nettoie avec soin les parois de la capsule et on la met en digestion au bain-marie, à la température de l'ébullition de l'eau, jusqu'à ce que la masse soit sèche. Cette attaque est longue, mais elle n'empêche pas d'autres préparations dans le laboratoire, puisqu'elle n'exige aucune surveillance. Quand la masse est sèche, on l'humecte avec un peu d'acide chlorhydrique étendu, et, après une demi-heure de digestion, on retire du bain-marie, et on remplit la capsule par une affusion d'eau distillée froide en une seule fois. On délaye avec une baguette, et toute la partie attaquable de la terre se trouve en dissolution dans le mélange.

On prépare alors un filtre (A) en papier à filtre ordinaire blanc, doublé de papier Berzélius; on le lave sur l'entonnoir avec de l'eau acidulée avec de l'acide chlorhydrique; puis on filtre le contenu de la capsule, et on reçoit le liquide dans une fiole (α) d'une contenance de 50 centilitres environ; on lave sur filtre à l'eau bouillante et méthodiquement, en ne recommençant jamais un lavage avant l'écoulement complet du précédent, et on continue tant que le liquide filtré présente au papier réactif une réaction acide. A ce point, on détache le filtre (A), et on le met à sécher, après l'avoir déployé, arrêté sur le séchoir et recouvert d'un entonnoir en papier filtre.

On reprend alors la fiole (α), et on sature l'acide avec de l'ammoniaque caustique parfaitement pure. On arrête l'addition dès que la fiole agitée donne par l'essai une réaction franchement alcaline. Il se produit un précipité complexe formé presque en entier de sesquioxyde de fer et d'alumine, mais contenant aussi l'acide phosphorique de l'échantillon engagé, suivant toute apparence, à l'état de phosphate de fer et d'alumine, puisque le précipité des sesquioxydes précède celui des protoxydes, et n'attend pas, pour se former, la neutralité du liquide, mais pouvant cependant, à la rigueur, si l'échantillon est très-calcaire, avoir entraîné des traces de chaux. La magnésie engagée dans des chlorures doubles ammoniacaux échappe à cette précipitation. Du reste, la formation des phosphates magnésiens est encore moins instantanée que celle du phosphate de chaux, et la magnésie, sauf dans les terrains dolomitiques, est toujours en très-petite quantité dans l'échantillon.

On reçoit le précipité de la fiole (α) sur un filtre, et on lave très-sommairement en recevant le liquide de filtration dans une fiole (β) de la capacité de 1 litre. On remet alors la fiole (α) sous l'entonnoir, et on fait repasser le précipité à travers filtre avec de l'acide chlorhydrique dilué. On précipite de nouveau le fer et l'alumine dans la fiole (α) par l'ammoniaque caustique avec les mêmes précautions que la première fois ; on prépare un nouveau filtre lavé à l'eau distillée, et on reçoit le précipité alumino-ferrique sur ce filtre, et le liquide dans la fiole (β), où il vient se joindre à celui recueilli dans la première filtration du premier précipité alumino-ferrique. On lave alors avec plus de soin sur filtre, et, après ce lavage, on met la fiole (β) de côté pour la suite de l'opération. Comme il ne faut pas attendre pour redissoudre le précipité alumino-ferrique, on replace alors la fiole (α) sous le filtre qui le contient, et on fait passer le contenu du filtre dans la fiole au moyen de l'acide chlorhydrique étendu et de lavages soigneux à l'eau distillée et à froid. Ces lavages terminés, on met de côté la fiole (α) pour la détermination des éléments qu'elle contient.

On reprend la fiole (β) qui contient la chaux, la magnésie, la potasse et la soude. L'attaque acide a montré, par l'effervescence produite, si la chaux est abondante ou non. Si elle est abondante, on la sépare dans le liquide ammoniacal par le sesquicarbonate d'ammoniaque, en ayant soin de maintenir l'ammoniaque caustique en excès dans le liquide, pour éviter la formation du bicarbonate de chaux, qui empêcherait une séparation complète. Si la chaux n'est pas abondante, on précipite par l'oxalate d'ammoniaque, ou même encore par l'acide oxalique pur, en tenant toujours un excès d'ammoniaque caustique. La faible solubilité de l'oxalate d'ammoniaque fait préférer, aux praticiens, ce second moyen. Quel que soit celui qu'on adopte, quand le précipité est bien rassemblé et quand un essai prouve qu'il est complet, on prépare un filtre (B) doublé de papier Berzélius ; on le lave à l'eau distillée bouillante, et on reçoit le liquide de filtration dans une fiole (γ) d'un litre environ. On lave sur filtre à l'eau bouillante, et, après le lavage, on prend le filtre, on l'ouvre, on l'étend dans le séchoir en arrêtant les bords, et on le couvre d'un entonnoir de papier à filtre.

On reprend alors la fiole (γ), qui ne contient plus que la potasse, la magnésie et la soude, noyées dans un liquide ammoniacal. On évapore à feu nu, et, de préférence, à la lampe à alcool, dans une grande capsule de Bayeux. Quand l'évaporation approche de son terme, on éteint la lampe, on verse le contenu de la grande capsule dans une capsule de 11 centimètres de diamètre. On lave avec soin la grande capsule avec un liquide composé d'eau distillée aiguisée de 2 à 3 grammes d'acide sulfurique pur, en versant chaque lavage dans la petite capsule, et on continue l'évaporation complète dans celle-ci au bain de sable, jusqu'à la dessiccation complète et immobile, à la température de 300 degrés centigrades. On retire la capsule du bain de sable, et, dès l'instant où elle est assez refroidie pour pouvoir être maniée, on recueille avec un soin minutieux tout son contenu, qu'on place dans un grand creuset de platine qu'on chauffe à la lampe à alcool à feu nu et à découvert tant qu'il se dégage des vapeurs. On le recouvre d'une feuille de platine dès que le dégagement a cessé, et on continue à chauffer tant qu'en soulevant la feuille de platine on aperçoit ou on sent les vapeurs sulfuriques. La nature du chauffage n'est pas indifférente; il est acquis à la science que les chauffages au gaz et même à la lampe à alcool à double courant décomposent les sulfates et peuvent amener des pertes. En suivant la marche indiquée on pourra vérifier l'intégrité de la manipulation.

Cette calcination terminée, on sépare le contenu du creuset à l'eau bouillante, et on le reçoit dans une capsule de 11 centimètres (cette dimension est la plus usuelle). Cette capsule ne devrait contenir que les trois sulfates de soude, de potasse et de magnésie, à l'état de solution neutre. Cependant on y trouvera toujours un résidu pulvérulent insoluble, dont l'importance va quelquefois jusqu'à 10 milligrammes, et composé, pour la presque totalité, de silice. On n'en sera pas surpris, si l'on considère que la dessiccation de l'attaque acide de la terre a été faite au bain-marie, et que, dans ces conditions, une faible partie de la silice persiste dans toutes les filtrations. C'est la calcination des sulfates qui l'arrête définitivement. En raison de cette circonstance, il faut, après avoir rapproché par l'évaporation le contenu de la capsule, filtrer à travers un petit filtre (C). On lave avec soin sur filtre, et le liquide ne contenant plus que les trois sulfates est recueilli dans une autre capsule de 11 centimètres. Le filtre (C) est disposé dans le séchoir comme les deux précédents. On fait chauffer la capsule qui contient le liquide, à la lampe à alcool, de manière à l'amener au point d'ébullition, et on sépare l'acide sulfurique par l'eau de baryte parfaitement pure, et surtout sans traces de nitrate. Il faut, pour cette opération, employer exclusivement la baryte provenant de la calcination au feu de forge du carbonate de baryte, ou tout au moins reprendre à grand feu, dans un fourneau à réverbère, la baryte du commerce, qui est très-rarement dépouillée de tout l'acide azotique contenu dans les azotates de baryte qui servent à sa préparation. L'eau de baryte doit être ajoutée peu à peu ; à chaque nouvelle addition, après agitation avec une baguette, on retire la lampe, et on essaye le liquide clair, afin de vérifier s'il n'est pas troublé par une nouvelle addition de baryte. Dès que ce résultat est obtenu, on continue à chauffer à la lampe pour rapprocher le liquide, et aussi pour faciliter la carbonatisation d'un petit excès de baryte ; on laisse refroidir, et au bout de quelques heures on filtre à froid sur un petit filtre (D). On reçoit la filtration dans un verre cylindrique éprouvette ; on lave soigneusement à froid sur filtre. On retire le produit de la filtration, et comme le filtre (D) retient non-seulement le sulfate de baryte provenant de l'acide sulfurique des trois sulfates, mais encore un peu de carbonate de baryte provenant de la baryte en excès, et la magnésie qui est insoluble, on place une fiole (d) sous l'entonnoir et on lave le filtre (D) avec de l'acide chlorhydrique dilué. Après cette opération, le filtre (D) est placé dans le séchoir, et la fiole (*d*) est réservée pour la suite des opérations.

On reprend alors le vase cylindrique éprouvette qui contient la potasse, la soude et un peu de baryte, et on achève la carbonisation de la baryte en faisant passer dans ce vase un courant continu d'acide carbonique pur. Ce courant produit par l'attaque du marbre blanc, au moyen d'acide chlorhydrique très-dilué, doit passer par une longue colonne horizontale remplie de fragments de craie, afin d'éviter l'introduction de vapeurs chlorhydriques dans la liqueur. Souvent le courant d'acide carbonique n'amène pas de trouble, à cause de la minime quantité de baryte persistante qui passe immédiatement à l'état de bicarbonate soluble dans la masse. Ordinairement il se produit un léger nuage blanchâtre qui se dissipe par la formation du bicarbonate soluble, ce qui démontre qu'on peut arrêter le courant. Enfin quelquefois, par suite d'un emploi exagéré de l'eau de baryte, il se forme un précipité abondant, que le liquide ne saurait redissoudre en entier, qui se rassemble au fond de l'éprouvette, et on n'arrête le courant d'acide carbonique que lorsque le liquide qui surmonte le dépôt est parfaitement éclairci.

On verse alors le contenu de l'éprouvette dans une capsule de Bayeux, et on rapproche le liquide à la lampe à alcool, de manière à le réduire à un très-petit volume ; on chasse ainsi entièrement tout l'excès d'acide carbonique ; on filtre, on lave le filtre à l'eau bouillante ; le carbonate de baryte reste sur filtre, et le liquide, reçu dans une capsule de Bayeux de 11 centimètres, ne contient plus que la potasse et la soude à l'état des carbonates. On verse alors un peu d'acide chlorhydrique dans la capsule, de manière à ce que la réaction soit franchement acide, et on fait évaporer entièrement le contenu de la capsule, d'abord à la lampe à feu nu, puis au bain-marie pour terminer l'épuration. Quand la capsule est desséchée, on reprend le résidu par quelques gouttes d'eau distillée, et on ajoute, dans la capsule, du bichlorure de platine, provenant du traitement de l'éponge de platine pur par l'eau régale, avec excès d'acide chlorhydrique. Comme les terres arables contiennent jusqu'à 1 pour 100 de potasse, c'est-à-dire 1 décigramme par un échantillon de 10 grammes (la quantité énorme de 40,000 kilog. par hectare), il convient, quand on n'est pas trop économe d'un réactif facile à préparer et facile à révivifier, d'ajouter dans la capsule une quantité de bichlorure, dosant 4 décigrammes de platine. Cependant, comme la plus grande partie des terrains ne contient pas au delà de 3 centigrammes de potasse sur un échantillon de 10 grammes, et que les quantités supérieures se trouvent dans des formations déterminées (notamment, les terrains volcaniques, les terrains dolomitiques, les terrains granitiques, les terrains de gneiss, quelques marnes, quelques argiles), on peut, en général, borner l'addition du réactif à la quantité qui retient 1 décigramme de platine. Le réactif versé, on évapore de nouveau au bain-marie à siccité, puis on retire la capsule, et, dès qu'elle est refroidie, on reprend la masse par l'alcool rectifié, contenant en volume un quart d'éther. Le précipité de chloroplatinate de potasse se forme presque instantanément, et on le recueille sur un petit filtre, où il est lavé avec soin avec l'alcool éthérisé. Le liquide de filtration est reçu dans une petite fiole (ε) qu'on bouche et qu'on réserve pour la suite des opérations.

Le filtre qui a reçu le chloroplatinate de potasse est mis immédiatement à l'étuve, et la dessiccation est rapide. On pulvérise dans un petit mortier d'agate une pincée de bicarbonate de potasse ; on recueille le chloroplatinate et on le met dans le mortier ; on le mélange avec soin au bicarbonate de potasse au moyen du pilon, et on place ce mélange dans un creuset de platine qu'on chauffe au rouge pendant une demi-heure à la lampe à alcool. Le chloroplatinate est réduit ; on sépare les sels de potasse par des lavages et par décantation ; puis on dessèche le platine métallique ; on le recueille dans un verre de montre et on le pèse à la balance de précision. Ce poids, multiplié par le coefficient 0.48, donne celui de la potasse attaquable contenue dans l'échantillon.

Cette quantité est très-variable suivant les terrains. Voici des résultats obtenus par la méthode qui vient d'être décrite. On a borné la liste, déjà fort longue, à des terrains aussi différents que possible, par leur situation et leur origine. Les analyses ont été naturellement très-multipliées dans les sols calcaires et anglo-calcaires du sud-est de la France, et dans les terres d'alluvion proprement dites, qui forment une partie si importante de notre production agricole. Mais, comme les résultats sont, dans ces terrains, très-rapprochés les uns des autres, on s'est borné à quelques exemples, les cas particuliers n'ayant d'intérêt que pour le propriétaire du terrain. Toutes ces déterminations sont rapportées à 100 parties du sol, distraction faite du lot pierreux, c'est-à-dire de ce qui reste sur le tamis métallique à mailles carrées de dix fils par centimètre.

Indication des terrains.	Carbonate de chaux.	Potasse.
1. Vigne de Lacryma-Christi, Vésuve.	2.000	3.470
2. Terrain dolomitique de Roville, envoi de Mathieu de Dombasle.	14.000	0.975
3. Terrain de gneiss de Laboryte, Paulhaguet (Haute-Loire).	0.200	0.693
4. Marne de Roville (Meurthe).	16.000	0.588
5. Nicolosi (Sicile), chemin de Catane à l'Etna, vigne Gemellara.	10.000	0.574
6. Terrain salant, Camargue (Château d'Avignon).	31.000	0.405
7. Vélage (Vaucluse), diluvium moderne.	3.000	0.347
8. Bas de la côte, Roville, terre indiquée fertile par Mathieu de Dombasle.	6.000	0.344
9. Corse, terre sablonneuse, Arena.	1.000	0.294
10. Syracuse (Sicile), Paèse-Nuovo, terre à Vignes.	2.000	0.290
11. La Charnia (Haute-Savoie), argile glaiseuse, Diot. M. de Saussure.	38.000	0.290
12. Pont-du-Château (Puy-de-Dôme), Limagne d'Auvergne.	7.000	0.280
13. Argile d'Aigues (Vaucluse), dépôt récent.	42.000	0.277

Indication des terrains.	Carbonate de chaux.	Potasse.
14. Castrogiovanni (Étna, Sicile), terre réputée fertile.	39.000	0.270
15. Bordelet, Saint-Just-d'Ardèche; alluvion, très-fertile.	12.000	0.269
16. Coucourdin, Serignan (Vaucluse), argile du sous-sol marneuse.	47.000	0.260
17. Diot ou argile marneuse de Bellevue, près de Genève.	28.000	0.254
18. Annonay, Gondras nord, sables granitiques très-maigres.	0.000	0.250
19. Chigny, près Morges, Vaud (Suisse), terre à Vignes.	5.000	0.246
20. Fontclaire, Serignan (Vaucluse), argile sous-sol.	56.000	0.232
21. Lunel (Hérault), Vigne de quarante ans, grand produit.	29.000	0.210
22. Launac, Vigne aramon de M. Henri Marès, très-fertile.	1.500	0.201
23. Bordelet, alluvion d'Ardèche de l'année.	17.000	0.190
24. Corse, Ajaccio, pépinières départementales.	0.500	0.186
25. Terre de la côte, vallée de Roville à la Moselle.	0.100	0.179
26. Prébois, Orange, marnes bleues.	55.000	0.179
27. Vigne de M. Fabre de Monteberon, Montpellier.	11.000	0.158
28. Alluvion du Rhône, Sauveterre (Gard).	28.000	0.152
29. Sable de la forêt de la Hart (Alsace).	26.000	0.134
30. Saint-Contest, près Caen (Calvados), clos des Petits-Pommiers.	1.500	0.135
31. Argile marneuse de Chungy-les-Bois (Loiret), propriété de M. Mallac.	39.000	0.121
32. Fauxbourguette (Tarascon), argile marneuse.	37.000	0.107
33. Le Breuil, Gravison (Bouches-du-Rhône), alluvion de Durance ancienne.	44.000	0.099
34. Sylvaréal (embouchures du Rhône), sable calcaire.	27.000	0.086
35. Montreux (Suisse), coteau à Châtaigniers, diluvium.	0.150	0.086
36. Vauvert, Costière (Gard), terre à Vignes de M. Brunel; diluvium	0.050	0.074
37. Limon de la Durance, récent.	43.000	0.072
38. Argile plastique du grès vert, Mourre-Rouge (Orange).	0.000	0.029
39. Voreppe (Isère), propriété de M. Durand.	22.000	0.028
40. Rougetty, Pomerol (Tarascon-sur-Rhône), Olivette.	30.000	0.007

Si l'on retranche de ce tableau le n° 1 et le n° 40, qui sont des exceptions comme richesse et comme pauvreté, sous le rapport de l'élément potassique, on voit que le dosage des sols arables en potasse varie de 1,000 à 30, soit de 10 grammes à 3 décigrammes par kilogramme de terrain, de 4 kilogrammes à 125 grammes par mètre carré, et de 40 tonnes à une tonne et 2 dixièmes par hectare. On a rapproché le dosage approximatif du terrain en carbonate de chaux de celui de la potasse attaquable, afin de montrer la parfaite indépendance des deux éléments. On voit ainsi une argile pure (le n° 38) donner le dosage minimum en potasse 0^{gr}.029 pour 100 grammes, et un terrain qui contient 31 pour 100 de carbonate de chaux (n° 6) a donné 0^{gr}.405. Les marnes bleues des Prébois (n° 26) contenant 55 pour 100 de carbonate de chaux, et les terres argileuses de la côte, à Roville (n° 25), qui n'en contiennent pas, donnent exactement le même dosage, 0^{gr}.179 pour 100 grammes. Cette indépendance est aussi complète vis-à-vis des autres éléments minéraux qui constituent le sol. Mais il est impossible de méconnaître, par la constance du dosage dans les alluvions de même date et de même origine, que les météores aqueux ont une influence prépondérante sur la richesse du sol en potasse. Quand un sol est très-pauvre, on peut affirmer que, soit avant sa formation, soit à l'époque actuelle, il a été dépouillé de la potasse attaquable par le passage des eaux ; et c'est justement là l'explication de la richesse des terrains volcaniques et des terrains métamorphiques, qui n'ont pas encore été dépouillés de leur dosage originel. Du reste, si la potasse est un élément nécessaire des végétaux, son abondance ne suffit pas à expliquer la valeur d'un sol arable. Les plus beaux dosages se rencontrent indifféremment dans les terrains stériles et dans les terres fertiles, comme les plus faibles n'empêchent pas un sol d'être productif. C'est qu'il n'en est pas de la potasse comme de l'acide phosphorique. La restitution en quantité suffisante pour les cultures peut se faire par la main des hommes sur les champs de toute nature. La solubilité des sels de potasse les met immédiatement à la disposition des végétaux. L'acide phosphorique, au contraire, forme, dans le sol, des sels insolubles dont la répartition dans toute la masse est lente à opérer, et la présence seule du carbonate de chaux en faible proportion suffit pour entraver son application.

Voilà pourquoi le dosage naturel d'un terrain en acide phosphorique est un acide de fertilité d'une certaine valeur, tandis que le dosage en potasse ne signifie rien sous ce rapport, quoique ce soit un renseignement des plus précieux pour l'agriculteur.

On tend, en effet, dans notre temps, à développer l'emploi et, par conséquent, le commerce des engrais minéralisés. Or il est indispensable, pour le cultivateur, de savoir s'il a besoin de ce qu'on lui propose. La consommation annuelle de potasse par l'enlèvement des récoltes, dans un terrain soumis à une culture riche, est, en moyenne, de 50 kilog. annuellement par hectare. Or, un sol qui donnerait à l'analyse, en potasse attaquable, dans l'épaisseur de la sole cultivée, cent fois cette quantité, c'est-à-dire la consommation de cent ans, sans tenir compte des restitutions par les engrais, serait évidemment au-dessus du besoin, et le propriétaire qui, dans de pareilles conditions, ferait une dépense de quelque importance, pour enrichir ses engrais de sels de potasse, le ferait en pure perte. Or, il suffit du dosage de 0^{gr}.125 sur 100 grammes pour satisfaire à cette condition. Ainsi, dans le tableau que nous avons donné plus haut, tous les sols, jusqu'au numéro 31, n'ont pas besoin d'une addition de sels de potasse.

Mais cette économie n'est pas limitée à la considération du dosage de la potasse attaquable. Beaucoup de terrains, tout en semblant dépouillés (soit par des circonstances naturelles, soit par des cultures spéciales) des sels de potasse, en possèdent cependant des réserves considérables à l'état de silicates, en apparence inattaquables par les acides dans le laboratoire, et qui, cependant, livrent graduellement la potasse aux végétaux, sous l'action prolongée des forces naturelles et de la culture. Il en est ainsi dans tous les terrains formés des débris des roches feldspathiques, granits, gneiss et argiles qui en dérivent. Du reste, comme, contrairement à certaines assertions, toutes les argiles ou les magmas impalpables qui en portent le nom sont loin d'avoir pour origine la décomposition des roches feldspathiques, et qu'aussi certaines d'entre elles sont entièrement dépourvues de potasse, il faut, quand il y a doute, recourir à l'analyse des silicates par l'acide fluorhydrique, et constater leur richesse réelle en potasse. Pour ne pas obliger les lecteurs de ce traité à recourir à d'autres livres, nous donnerons, plus loin, le procédé que nous employons pour le dosage de la potasse engagée dans le sol à l'état de silicate.

Enfin, une partie importante des sols les plus productifs, les terres d'alluvion submersibles, sont habituellement pauvres en potasse attaquable, mais sont maintenus dans un état constant par les apports des eaux qui les traversent. Toute dépense pour fournir de la potasse à ces terrains serait évidemment perdue.

En résumé, la minéralisation des engrais par les sels de potasse ne doit être pratiquée que pour des terrains contenant moins de 1 gramme et quart de potasse attaquable par kilogramme, dépourvus de réserves importantes de potasse inattaquable, et soustraits à l'action des eaux. Quand ces trois indications sont satisfaites, un agriculteur intelligent se préoccupera de fournir le complément de potasse à ses cultures; mais il devra agir avec une grande prudence, et ne dépenser que pour recouvrer à courte échéance, en raison de la solubilité des sels de potasse et de la déperdition rapide qui en est la conséquence.

2° *Dosage de la potasse inattaquable.* — On prend le filtre (A) qui a reçu le résidu de l'attaque acide de la terre. On recueille ce résidu, on le porphyrise dans un mortier d'agate par très-petites parties, jusqu'à ce qu'on ne sente plus de matière résistante sous le pilon; on rassemble la matière dans une capsule de platine, et on calcine à la lampe, jusqu'à ce que la teinte blanche ou blanc grisâtre soit uniforme ; il pourra même arriver que la calcination ait une teinte jaune très-faible, si la terre contient beaucoup de mica. On pèsera la matière calcinée à la balance de précision, et on notera le poids. On prend ensuite 5 grammes de cette matière qu'on place dans un creuset de platine, et qu'on recouvre d'eau distillée. Le creuset est recouvert d'une plaque de platine percée de deux trous; l'un donne passage à une spatule de platine, l'autre à un tube de platine servant d'allonge à une cornue en platine dans laquelle on a introduit 15 grammes de spath fluor pulvérisé et 30 grammes d'acide sulfurique très-concentré ou, mieux, mêlé d'acide de Nordhausen. Tout l'appareil est placé sous une cheminée d'un fort tirage. On chauffe la cornue au bain de sable à une chaleur ménagée; on arme ses mains de gants de laboratoire. L'acide fluorhydrique se dégage peu à peu et vient se dissoudre dans l'eau du creuset. Il est essentiel que le tube de platine n'arrive pas jusqu'à l'eau, car il pourrait s'obstruer par la formation des hydrofluosilicates, ce qui amènerait des accidents. On agite constamment la matière siliceuse du creuset avec la spatule, pendant toute la durée de l'opération, jusqu'à ce qu'elle soit entièrement dissoute. Quand le dégagement d'acide fluorhydrique a cessé, on arrête le feu, on laisse refroidir ; puis on dégage la cornue qu'on jette dans une grande terrine pleine d'eau, et on transporte la lampe sous le creuset. On chauffe doucement pour chasser l'acide fluorhydrique en excès et le fluorure de silicium; on verse de l'acide sulfurique sur le résidu. Tous les oxydes sont changés en sulfates. Cette opération est décrite à la page 736 du 1er volume du Traité de Regnault.

L'analyse de ces sulfates est absolument pareille à l'analyse générale qui fait l'objet de ce travail, et donne ainsi, non-seulement la détermination de la potasse, comme on l'a vu précédemment, mais encore celle des autres éléments qui composent la masse (A), excepté la silice, qui s'est évaporée avec l'eau du creuset à l'état de fluorure de silicium, et qu'on peut très-exactement doser par différence, car elle est très-abondante. En effet, les analystes ne doivent jamais perdre de vue que les substances abondantes sont les seules qu'il soit permis de doser par différence. Les substances rares doivent être recueillies, reconnues et pesées ; la moindre erreur dans les différences fausserait entièrement les résultats. Il n'est pas même permis de certifier des dosages obtenus par des incinérations de filtre et des appréciations de cendre. Les poids des cendres de filtres, même préparés avec soin, présentent des différences souvent supérieures au dosage réel de tel ou tel élément, et l'adoption d'un poids moyen n'obvie que très-partiellement à cet inconvénient. Quand une substance ne peut pas être recueillie et pesée avec constatation de sa nature, on doit se contenter d'indiquer des traces. Quoi qu'il en soit, on obtient par l'analyse que nous venons d'indiquer, entre autres dosages, celui de la potasse inattaquable à l'eau régale. Il est bien entendu que l'opération ayant été faite sur 5 grammes seulement, les résultats doivent être multipliés par $\frac{P}{5}$, P étant le poids constaté du résidu inattaquable calciné.

Citons quelques exemples pris dans notre journal de laboratoire. Sur 100 parties :

M. Meynard, Vélago, Travaillans (Vaucluse). Diluvium :

 Potasse attaquable. 0.737
 Potasse inattaquable. 0.988

M. Forel, Chigny, Morges, Vaud (Suisse), Moraine :

 Potasse attaquable. 0.246
 Potasse inattaquable. 1.550

Diot, calcaire de Bellevue, près Genève (Suisse) :

 Potasse attaquable. . . . . : 0.250
 Potasse inattaquable. 1.070

Annonay (Ardèche), Gondras nord, propriété La Majory. Sables granitiques :

 Potasse attaquable. 0.250
 Potasse inattaquable. 3.350

On voit, par ces exemples, qu'il n'y a pas de relation nécessaire contre le dosage de la partie attaquable et celui de la partie inattaquable. Un sol très-riche en potasse peut, par position, être dépouillé annuellement de la partie soluble, et réciproquement un sol dont la réserve est médiocre, mais qui, par sa compacité, sa constitution chimique et sa situation, se trouve à l'abri des pertes, peut offrir un dosage important de potasse attaquable, ce qui confirme les observations présentées plus haut.

§ 4. — DOSAGE DE LA CHAUX.

On prend le filtre B, qui a reçu le précipité de chaux. Si le précipité a été obtenu dans une liqueur chargée d'ammoniaque caustique par le carbonate d'ammoniaque, c'est, on se le rappelle, parce que l'effervescence dans l'attaque acide a dénoncé une proportion notable de carbonate de chaux. Cependant il pourrait arriver qu'on eût affaire à un sol contenant une forte proportion de carbonate de magnésie, comme un terrain dolomitique. Un chimiste exercé ne s'y trompe pas ; l'effervescence de la dolomie sous l'action des acides est loin de présenter la vivacité de celle du carbonate de chaux. L'erreur serait fâcheuse, car il y a inconvénient à précipiter la chaux par le carbonate d'ammoniaque en présence d'une proportion considérable de magnésie. Malgré la précaution nécessaire d'engager fortement cette magnésie dans un chlorure double ammoniacal, la magnésie, à la longue, se dépose en partie à l'état d'hydrocarbonate. Il faut donc, dans les sols dolomitiques, précipiter la chaux par l'oxalate d'ammoniaque. En supposant toutes ces circonstances prévues par l'analyste, le dosage de carbonate de chaux ne présente aucune difficulté ; on le recueille avec soin ; on le tient à l'étuve de Gay-Lussac assez longtemps pour être certain qu'il est entièrement débarrassé du carbonate d'ammoniaque qu'il aurait pu retenir, et on pèse à la balance de précision.

Ce dosage est, du reste, sans autre intérêt que celui

de présenter fidèlement les éléments de la terre soumise à l'analyse, et de fournir une donnée importante pour la classification physique du sol, puisque, ainsi qu'on l'a vu, la proportion de carbonate de chaux classe les terrains dans la division des terrains immobiles, quand elle dépasse 30 pour 100, et dans celle des terrains mobiles, quand elle est au-dessous de ce chiffre. Quant à l'alimentation proprement dite, il est assez indifférent pour les plantes cultivées qu'elles trouvent 2 pour 100 ou 80 pour 100 de carbonate de chaux ; dans l'un et l'autre cas, elles se procurent sans peine ce qui est nécessaire à leur constitution.

Quand le filtre (B) a reçu de l'oxalate de chaux, c'est que l'effervescence était faible ou nulle dans l'attaque acide. Alors le dosage de la chaux prend un intérêt considérable pour la nutrition végétale. En effet, la chaux est un élément nécessaire de la plus grande partie des plantes cultivées, et notamment de la Vigne. Rien ne peut suppléer à son absence. On sait par une vaste expérience que les amendements calcaires ont seuls permis de convertir les terres à Seigle en terres à Blé, et l'analyse des cendres de Vigne nous montre la chaux comme partie essentielle. Voici comment on procède à la détermination : on recueille avec soin l'oxalate, reçu sur le filtre (B) dans une petite capsule de platine tarée avec soin. On l'imbibe de quelques gouttes d'acide sulfurique concentré et pur, et on évapore à la lampe en poussant la température jusqu'au cerise clair. On pèse ensuite la capsule, on a le poids du sulfate de chaux en retranchant la tare de la capsule, et celui du carbonate de chaux par un calcul d'équivalents.

Quand on ne trouve que des traces, et quand, cependant, les cultures puisent l'élément calcaire indispensable dans le sol, l'analyste a deux ressources d'investigation auxquelles il doit recourir, car son obligation la plus étroite est de ne jamais signaler un phénomène sans avoir épuisé, pour l'expliquer, les moyens à sa portée. Le premier est l'examen des eaux amenées ou souterraines qui traversent le terrain.

L'évaporation d'un litre suffit quelquefois pour expliquer le mystère. Ordinairement il faut procéder sur 5 litres au moins, et analyser le résidu. Le second moyen a été exposé plus haut ; c'est l'analyse fluorhydrique de la partie inattaquable par l'eau régale. Nous ne connaissons pas d'exemple de sols portant des végétaux contenant de la chaux, qui aient résisté à ces moyens de recherche. Toujours nous avons trouvé l'explication du miracle dans les eaux ou dans le sol lui-même. Il est curieux de voir avec quelle faible proportion de l'élément calcaire on entretient des cultures qui en font une grande consommation. Nous allons en donner des exemples tirés de notre journal et pris dans les terres à Vigne. Nous rappelons que les cendres des sarments présentent, dans les sols les plus dépourvus de l'élément calcaire, 20 pour 100 de leur poids en chaux caustique.

Toujours sur 100 parties :

	Gr.
Vigne à vin blanc, de Montreux (Suisse),	0.157
Vigne de Lacryma-Christi (Vésuve).	2.106
Vigne de Syracuse (Sicile).	1.840
Vigne de Fauxbourguette (Tarascon). Morte.	41.480
Vigne de Rougetty (Tarascon). Morte.	32.410
Vigne de M. Fabre de Monteberon (Montpellier).	12.960
Vigne de Coucourdon (Orange). Morte.	36.960
Vigne de Laboryte (Paulhaguet).	0.151
Vigne de Chalandon (Annonay).	0.000
Vigne de grand produit (Lunel). Malade.	28.750
Vigne de grand produit (Lunel).	1.322
Vigne de M. Brunel (Vauvert).	0.055
Vigne de M. Baume (Saint-Gilles)	0.164
Vigne de M. Henri Marès (Launac). Grand produit.	1.506
Vigne de Chigny, Morges (Suisse).	4.735
Vigne des Prébois (Orange). Morte.	55.190
Vigne de Chezy, Issoire (Puy-de-Dôme).	0.000

Ce tableau porte avec lui de grands enseignements pour les agriculteurs. L'invasion du puceron, dont on a fait tant de bruit, est liée absolument à une proportion considérable de l'élément calcaire, à cette proportion qui caractérise les terrains immobiles. En se rappelant ce que nous avons dit plus haut sur le mouvement de l'eau dans les terrains, en raison de leur constitution physique, on reste convaincu que l'invasion des pucerons a été amenée par l'état de souffrance de la Vigne, après une sécheresse, d'une durée sans exemple connu, qui avait supprimé toutes les sources, annulé l'humidité du sous-sol, et arrêté entièrement le mouvement capillaire. Quoi qu'on en pense, il est consolant pour les propriétaires de vignobles placés dans des terres peu calcaires, qui forment, heureusement, la grande majorité, de penser que l'immunité la plus complète leur a été acquise dans les circonstances les plus défavorables, et au milieu d'une invasion désastreuse qui détruisait toutes les Vignes placées dans des sols compactes et calcaires.

Le second enseignement est que les amendements calcaires sont nécessaires à l'entretien en bon produit de vignobles dépourvus de chaux. Dans le vignoble languedocien on supplée à cette rareté par des engrais abondants qui apportent aux ceps leur nourriture annuelle, exactement comme cela se pratique en Provence pour les Oliviers bien tenus. Quand on fournit directement la chaux au pied des souches, il ne faut pas perdre de vue la nécessité de proportionner l'abondance des engrais pailleux à ces apports, car la chaux hâte la décomposition des matières organiques, et, comme on le dit vulgairement, a bientôt desséché le terrain dont elle avait paru d'abord stimuler et enrichir la production.

§ 5. — DOSAGE DE LA MAGNÉSIE.

La magnésie est aussi un élément essentiel de la végétation, et, pour n'en citer qu'un exemple, le Blé contient constamment de la magnésie en forte proportion. C'est donc une grande erreur de penser que la magnésie en proportion notable diminue la fertilité. La source de cette erreur est la maigreur relative des sols dolomitiques; mais, si l'on veut bien se rappeler que ces sols sont, de l'avis de beaucoup de géologues, des terrains métamorphiques ayant subi, plus ou moins, des altérations ignées, on ne sera pas surpris que les éléments qui les composent soient dans un état d'inertie peu propre à faciliter leur entrée dans le courant de la végétation.

Pour doser la magnésie, nous reprenons la fiole (δ) qui contient le liquide provenant du lavage par l'acide chlorhydrique du filtre qui avait reçu le précipité séparé, par l'eau de baryte, de la solution des trois sulfates de potasse, de soude et de magnésie. La solution chlorhydrique contient, outre la magnésie, un peu de la baryte qui a servi à la précipitation. On ajoute 1 gramme d'acide sulfurique, et on réduit le liquide par l'évaporation. On laisse refroidir ; on filtre sur un petit filtre double ; on lave soigneusement à l'eau distillée froide, et le liquide, qui ne contient plus que la magnésie, est mis en évaporation, à feu nu d'abord, puis au bain de sable dans une capsule de platine ; enfin, quand il est desséché, à feu nu, tant qu'il se dégage des vapeurs acides. La capsule refroidie est pesée, avec son contenu, à la balance, puis repesée vide, et la différence de poids est du sulfate de magnésie anhydre, dont le tiers, exactement, représente la magnésie. Si l'on a procédé avec mesure, à la lampe à alcool, en ne poussant pas la calcination trop loin, le dosage est exact. Cependant il est constant que la calcination du sulfate de magnésie entraîne presque toujours la décomposition partielle du sel. Cette décomposition est très-faible, et nous pouvons facilement en trouver une mesure dans l'analyse même. En effet, si on reprend le filtre (C) qui contient le résidu de la calcination des trois sulfates (après un feu bien plus vif et plus soutenu que celui qui a servi à la calcination du sulfate de magnésie seul), et si on recueille dans un verre de montre ce précipité, après l'avoir calciné, on constate d'abord que son poids, quelquefois nul, dépasse rarement 5 milligrammes. Ainsi, à supposer qu'il fût composé de magnésie, cela n'influerait pas beaucoup sur le dosage de la magnésie ; mais, en outre, si on le reprend sur le verre de

montre par l'acide chlorhydrique, à plusieurs reprises, et en
absorbant chaque fois le liquide avec du papier brouillard,
de manière à opérer un lavage complet, et si on sèche de
nouveau le contenu du verre au bain de sable, on constate
à la balance que le poids du précipité n'a pas sensiblement
diminué. C'est que ce précipité est composé presque exclusivement de la silice qui a traversé le filtre après l'attaque à
l'eau régale, par la raison que la dessiccation du liquide
d'attaque ayant été opérée au bain-marie, l'addition de l'eau
froide n'a pu amener une fixation complète de la silice à
l'état naissant qui traverse, comme on le sait, tous les
filtres.

On peut donc regarder, comme exacts, les dosages de la
magnésie par le procédé que l'on vient de décrire. Du reste,
pour les agronomes qui conserveraient des doutes, nous
pouvons ajouter qu'en raison de la répartition de la magnésie dans les terres arables ce dosage est loin de présenter
l'intérêt des précédents. En voici quelques exemples.
Pour que ces exemples soient plus concluants, nous
jugeons convenable de mettre en regard la magnésie et la
chaux. En effet, le dosage de la chaux est la caractéristique
d'un terrain, comme pourrait l'être, par opposition, celui de
la silice, en donnant à première vue, en quelque sorte, la
clef de sa composition sommaire. Et, à ce sujet, on ne saurait trop recommander aux agrologues qui s'appliquent à la
recherche de tel ou tel élément disséminé, et qui publient
leurs recherches, de mettre toujours en regard le dosage de
la chaux, quand ils ne publient pas les analyses complètes,
ce qui est de beaucoup préférable, car une analogie qui
échappe à un observateur peut être saisie par un autre.

Les résultats suivants toujours rapportés à 100 parties :

DÉSIGNATION DES TERRAINS.	CHAUX.	MAGNÉSIE.
Vélago (Vaucluse). Diluvium.	1.813	0.444
Changy-les-Bois (Loiret). Marne.	33.006	0.248
La Charnia (Savoie). Argile glaiseuse. . . .	21.420	0.614
Chilan (Gers). Boulbène.	0.000	0.134
Saint-Contest (Calvados). Diluvium.	0.798	0.276

DÉSIGNATION DES TERRAINS.	CHAUX.	MAGNÉSIE.
Sylvaréal (Gard). Arène de mer.	15.412	0.423
Montpellier (Hérault). Diluvium.	1.420	0.467
Chigny (Suisse). Moraine.	15.557	1.415
Roville (Meurthe). Côte argileuse.	0.059	0.526
Roville (Meurthe). Sol dolomitique.	7.616	3.510
Roville (Meurthe). Vallée fertile.	3.397	2.175
Roville (Meurthe). Marne du village.	9.078	0.341
Caderousse (Vaucluse). Alluvion du Rhône.	12.594	0.557
Saint-Just (Ardèche). Alluvion de l'Ardèche.	6.787	0.906
Chalandon (Ardèche). Sables granitiques.	0.000	0.193
Paulhaguet (Haute-Loire). Terrains de gneiss.	0.161	1.341
Pont-du-Château (Puy-de-Dôme). Basaltiques.	3.853	0.762
Lacryma-Christi (Vésuve). Volcans modernes.	2.106	0.779
Althen (Vaucluse). Lacustre.	49.460	0.505
Camargue (Bouches-du-Rhône). Terrain salant.	17.500	0.281
Mourre-Rouge (Vaucluse). Argile plastique.	0.186	0.155

Ces exemples, pris dans toutes les formations et extraits de notre journal, prouvent d'abord qu'il n'y a aucune relation entre le dosage de la chaux et celui de la magnésie. En mettant de côté les sols de Roville, qui sont parsemés de débris dolomitiques, les plus forts dosages se trouvent indifféremment dans les sols siliceux et dans les sols calcaires. Les plus faibles sont dans les boulbènes et dans les argiles plastiques du grès vert. En écartant ces argiles, qui ne sont pas des sols arables proprement dits, on peut affirmer que la magnésie attaquable est répandue en quantité assez uniforme et suffisante dans tous les sols arables et que les agriculteurs n'ont pas à s'en préoccuper.

Quant à l'influence de la magnésie sur la fertilité, évidemment, si elle sert dans une certaine mesure, son abondance ne nuit pas, car les sols les plus fertiles du tableau en sont largement pourvus. Je citerai parmi ceux-ci une terre de la vallée de Roville, près de la côte, une alluvion de l'Ardèche au Bordelet, et la terre de Pont-du-Château dans la Limagne d'Auvergne. Ces deux dernières sont renommées pour leur fécondité. Il ne paraît pas, par les analyses de végétaux, que la magnésie puisse êtré substituée à la chaux dans la végétation, pas plus que la soude à la potasse. La magnésie a son rôle spécial, que la chaux ne saurait remplir. Il est probable que la faculté de substitution est beaucoup moins étendue que les chimistes les plus accrédités ne l'avaient d'abord pensé.

§ 6. — DOSAGE DE LA SOUDE.

On prend la fiole (ε), qui contient le liquide alcoolique éthérisé ayant servi au lavage du choroplatinate de potasse. Cette liqueur contient un excès de bichlorure de platine, du chloroplatinate de soude dissous, et peut-être des traces de chloroplatinate de baryte, si l'on suppose que des traces de baryte aient pu persister après sa séparation à l'état de carbonate. Mais, disons-le en passant, nous avons toujours trouvé, en suivant rigoureusement la marche indiquée, la séparation complète. Le premier soin est de séparer le platine à l'état de chlorure double ammoniacal par l'addition d'une quantité suffisante de sel ammoniac distillé parfaitement pur. (On le vérifie en mettant sur une plaque de platine brillante une pincée de sel ammoniac avec une goutte d'acide sulfurique : en exposant la plaque à la flamme d'une lampe à alcool, le mélange doit s'évaporer entièrement sans laisser aucun résidu ; cette épreuve vérifie aussi, sous certains rapports, la pureté de l'acide sulfurique.) On doit agiter de temps en temps la fiole pour amener la dissolution du sel ammoniac dans le liquide, et, au bout de deux jours, on peut regarder la séparation du platine comme aussi complète qu'elle peut l'être par ce procédé. On verra tout à l'heure qu'elle ne l'est pas absolument, en sorte que, pour le dosage rigoureux de quantités infinitésimales d'ammoniaque, on doit recourir au procédé donné par M. Peligot et faire arriver l'ammoniaque produite dans une liqueur acide titrée. Mais cette remarque de docimasie n'intéresse pas l'intégrité de la détermination de la soude. On filtre le contenu de la fiole (ε) pour séparer le chlorure double ammoniacal. Le précipité recueilli peut servir à révivifier le platine par une simple calcination. Quant au liquide reçu dans une capsule de Bayeux, on l'évapore au bain-marie, puis on transporte au bain de sable pour chasser la plus grande partie du sel ammoniacal excédant. On reprend le résidu avec un peu d'eau distillée aiguisée de deux ou trois gouttes d'acide sulfurique. On verse dans une capsule de platine cette solution, ainsi que le lavage de la capsule de Bayeux. On évapore de nouveau au bain de sable jusqu'à siccité, puis on transporte la capsule de platine sur la lampe à feu nu. La baryte, s'il y en a, reste à l'état de sulfate, le platine (et il y en a toujours des traces) est révivifié et la soude a passé à l'état de sulfate de soude. On reprend le résidu de la capsule à l'eau chaude; on fait passer son contenu à travers un petit filtre bien lavé, et on lave sur filtre avec soin. On reçoit d'abord la filtration dans une capsule de porcelaine; on rapproche le liquide par l'évaporation; on le fait passer dans une capsule de platine bien brillante et tarée; on évapore au bain de sable, puis à la lampe à alcool au rouge-cerise. On pèse la capsule à la balance de précision; l'augmentation de poids donne le sulfate de soude anhydre, d'où l'on déduit la soude par un calcul d'équivalents.

Les analystes les plus distingués considèrent toute la soude qui est dans la terre comme étant à l'état de chlorure, et tous les chlorures qui sont dans la terre, comme étant du chlorure de sodium. En vertu de cette double hypothèse, ils se contentent de doser le chlore par les liqueurs titrées d'azotate d'argent, et en déduisent la soude. Quand il s'agit de terrains salants, cette hypothèse est assez approximative, bien que ces terrains renferment une proportion très-notable de chlorures de potassium et de magnésium, sans parler des iodures, et M. Peligot a pu tirer des conclusions très-justes d'analyses faites par cette méthode. Quand il s'agit de terres vierges de montagnes, de diluvium ou d'alluvion, l'hypothèse est très-aventurée. La soude contenue à l'état de silicate dans les roches a pu entrer dans des combinaisons bien différentes, et le procédé direct que nous employons est le seul qui donne des résultats rigoureux, s'appliquant aux dosages de soude dans toutes les circonstances. Du reste, l'agrologue, sachant le peu d'importance de la soude dans l'acte de la végétation, ainsi que l'ont établi sans réplique les belles expériences de M. Peligot, ne fait pas, d'ordinaire, de cet alcali l'objet de ses recherches, et arrête son analyse à la détermination de la potasse. Il ne fait quelques dosages de soude que dans un intérêt scientifique, et c'est ainsi que l'auteur de ce Traité a été conduit lui-même à quelques déterminations. Il va en extraire une partie de son journal de laboratoire, en rapprochant le dosage de la soude de celui de la potasse. Sur 100 parties :

DÉSIGNATION DES TERRAINS.	POTASSE.	SOUDE.
Nicolosi (Etna). Vigne Gemellara.	0.574	0.142
Lacryma-Christi (Vésuve). Descente de Renna.	3.470	0.625
Corse. Terre de l'Arena.	0.294	0.123
Corse. Pépinière départementale. (Ajaccio).	0.186	0.132
Roville (Meurthe). Marne du village.	0.588	0.101
Roville. Terre dolomitique.	0.975	0.119
Roville. Côte Rochet.	0.554	0.114
Roville. Vallée améliorée, près de la côte.	0.067	0.114
Montpellier, Fabre. Vigne n° 3.	0.158	0.064
Sylvaréal (Gard). Arène méditerranéenne.	0.086	0.146
Chigny, Morges (Suisse).	0.120	0.026
Fabre, Montpellier. Vigne n° 2.	0.220	0.016
Terrain salant, Château d'Avignon, Camargue.	0.405	1.440

Dans ce dernier terrain la magnésie est 0.590 et le chlore combiné 2.260. On voit sur-le-champ qu'une détermination du chlore par l'azotate d'argent n'aurait rien appris sur le dosage véritable des alcalis.

Ce qui frappe à première vue dans ces analyses, c'est la prédominance de la potasse dans presque tous les terrains. Sans doute, cette abondance relative a pour cause principale l'origine même des terres arables formées de débris de roches dans lesquelles les silicates à base de potasse sont la règle, et ceux à base de soude, comme dans l'albite, l'exception. Cependant un certain nombre de ces terrains portent, de temps immémorial, des cultures qui consomment beaucoup de potasse et reçoivent continuellement des engrais chargés de chlorure de sodium. Les Vignes de Morges, en Suisse, et de M. Fabre, à Montpellier, sont dans ce cas, et cependant on voit justement dans ces terrains la soude réduite à la proportion la plus minime. Dans des circonstances analogues il nous est arrivé de n'en trouver que des quantités impondérables, malgré la nature salée des eaux souterraines qui traversaient les terrains. Si l'on rapproche ces observations des savantes recherches de M. Peligot sur le dessalement des polders, on restera convaincu que, sauf des circonstances particulières de communication constante avec des sources salifères, les terres arables ne conservent pas le sel marin, et retiennent la potasse, surtout par l'action moléculaire des hydrates d'oxyde de fer et d'alumine.

Il ne faut pas trop se hâter, cependant, de proclamer l'inutilité de la présence du sel marin dans le sol pour la végétation. Sans doute, sous son influence la germination est difficile, le germe perce difficilement la croûte supérieure du sol, et la plante, au lieu de s'élancer, devient courte et trapue; mais ces obstacles au développement normal herbacé ou ligneux semblent favoriser la grenaison. Les céréales, les Luzernes, la Vigne même (sous un rapport fâcheux, le développement du pepin) montrent la réalité de cette influence du sel dans les cultures. M. Peligot, en admettant cette réalité, l'attribue à la faculté des dissolutions salées de rendre solubles les phosphates, qui sont ainsi mis à la portée des plantes. On ne peut que se ranger à cette opinion, surtout si l'on remarque que ces heureux effets ne sont réellement constatés expérimentalement que dans les terres argilo-calcaires, c'est-à-dire dans celles qui ne présentent d'autre médium possible, pour la solubilité des phosphates, que l'eau salée. Ainsi la soude jouerait, dans la végétation, le rôle de dissolvant, rôle qui aurait bien son importance. Mais de là à employer le sel marin comme amendement, il reste un grand pas à franchir. Si, comme nous l'avons vu plus haut, les terres arables sont un véritable crible pour le sel marin, les dépenses de l'amendement seront presque toujours en pure perte, et la science ne peut pas consulter une pareille pratique. Des intérêts industriels ligués ont pu essayer d'abuser l'opinion publique, mais l'expérience, d'accord avec la science, rétablira la vérité et la fera passer, espérons-le, dans l'ordre économique et financier.

§ 7. — DOSAGE DE LA SILICE.

Les agronomes ont attaché, pendant longtemps, une grande importance au dosage de la silice, qui pouvait se rencontrer dans le sol à un état moléculaire convenable, pour se dissoudre dans les liquides qui imprègnent les terres cultivées, ou dans les sucs propres des plantes sécrétés par les radicelles. Ils pensaient que la silice joue un rôle important dans la constitution des végétaux, en solidifiant les tiges et spécialement les nœuds des graminées, et l'épiderme de la plupart des plantes cultivées. En effet, la silice se retrouve en abondance dans ces organes ; mais l'effet de sa présence, d'après de nouvelles recherches, paraît être fort différent de celui qu'on avait assigné à priori. La silice se dispose en quelque sorte comme un hors-d'œuvre éliminé de la cellule vivante par le travail de nutrition, en un mot comme une véritable excrétion rejetée tantôt dans les enveloppes, tantôt en dépôts longitudinaux extérieurs aux canaux conducteurs de la séve. La silice ne serait donc plus un aliment proprement dit, mais simplement un dissolvant absorbé par le courant de la circulation avec la substance combinée, et éliminé ensuite comme inutile.

Quoi qu'il en soit de cette nouvelle doctrine, dont le jugement appartient aux physiologistes, des expériences directes ont prouvé que l'influence de la silice sur la solidité des tiges des graminées n'était pas certaine; l'emploi du silicate de potasse dans des terrains où le Blé était sujet à verser a amené un effet directement opposé à celui qu'on attendait. Sans doute, il ne faut pas précipiter les conclusions, et les expériences de cette nature ne présentent jamais des démonstrations sans réplique. La potasse a pu être un obstacle à la répartition normale de la silice dans les plantes. Toutefois le dosage de ce qu'on appelle la silice propre à entrer dans la végétation a perdu beaucoup de son importance. C'est fort heureux du reste, car jamais les opinions des chimistes n'ont été plus diverses que sur le mode à employer pour ce dosage. On ne veut pas rappeler ici les diverses méthodes proposées, d'autant mieux que, s'il y a désaccord sur les méthodes, il y a accord sur les conclusions pratiques. Les chimistes agricoles pensent tous que le sol est toujours prêt à fournir aux plantes toute la silice qu'elles sont en état d'absorber. Si l'on réfléchit, en effet, que des sols calcaires, tels que les paluds d'Avignon, qui ne contiennent que 6 pour 100 de silicates en totalité, soumis aux cultures les plus variées, n'ont jamais donné le moindre symptôme d'un déficit dans l'élément siliceux, on sera sans inquiétude pour tous les autres sols arables qui contiennent en moyenne dix fois autant de silice, non-seulement combinée, mais en partie libre, et à cet état moléculaire qui lui permet de passer librement à travers les filtres, si on ne lui a pas fait subir une calcination préalable. Cette silice libre provient de la décomposition incessante des silicates contenus dans le sol, décomposition qui entretient sa richesse alimentaire, en ce qui concerne les éléments minéraux. La silice a donc un rôle de la plus haute importance dans le sol; elle emmagasine la potasse, le fer et la magnésie, quelquefois même la chaux, et les restitue lentement de manière à réserver l'avenir sous ce rapport, quelles que soient les imprudences du présent.

Il y a donc un intérêt sérieux pour l'agronome à con

naître ces réserves. Nous avons déjà montré, en parlant du dosage de la potasse inattaquable, le procédé le plus rationnel pour les déterminer. On élimine la silice du résidu inattaquable au moyen de l'acide fluorhydrique ; on chasse le fluorure de silicium par la chaleur et l'acide fluorhydrique à chaud par l'acide sulfurique ; puis on analyse le sulfate multiple de fer, chaux, alumine, potasse, soude et magnésie par la méthode générale qui ressort de ce Traité, et que nous rappelons sommairement. On sépare le fer et l'alumine par l'ammoniaque caustique ; la chaux (qui est ordinairement en assez minime proportion pour que le sulfate de chaux soit entièrement dissous) par l'oxalate d'ammoniaque, en ayant soin d'ajouter un peu de sel ammoniac dans le liquide pour prévenir la séparation de la magnésie ; enfin la potasse, la soude et la magnésie par le procédé décrit plus haut. Dans cette analyse on dose la silice par différence.

Quand on ne se propose pas de déterminer les alcalis, c'est-à-dire quand la recherche porte spécialement sur la chaux et la magnésie, ce qui arrive fréquemment, lorsqu'il s'agit d'expliquer certains phénomènes de végétation, on peut se dispenser d'employer l'analyse fluorhydrique qui n'est pas sans inconvénients et sans dangers. On emploie alors la méthode générale de l'analyse des verres, qui a l'avantage de donner directement le dosage de la silice, et qui fournit ainsi le contrôle du dosage par différence que donne l'analyse fluorhydrique. Bien que cette analyse se trouve dans tous les traités de chimie, comme la manipulation présente, suivant les auteurs, des différences notables, on croit nécessaire de rapporter ici la pratique qui résulte d'innombrables analyses de silicates faites par l'auteur de ce petit Traité. Ces indications épargneront aux analystes bien des recherches et des tâtonnements.

On reprend le filtre (A); on recueille avec soin le résidu, inattaqué par l'eau régale, qu'il a reçu ; on le fait passer par petites parties au mortier d'agate, où on le porphyrise avec soin, et on ramasse la matière porphyrisée dans une capsule en platine. On la calcine deux heures à la lampe à alcool ; on pèse et on note le poids sous la rubrique, *partie inattaquable calcinée*. Si le poids dépasse notablement 5 grammes, on sépare un échantillon de 5 grammes ; si le poids est inférieur à 5 grammes, on le prend en entier. Supposons un échantillon de 5 grammes. On pèse à la balance ordinaire 20 grammes de bicarbonate de soude pur et 10 grammes de bicarbonate de potasse. On les pulvérise ensemble dans un grand mortier de porphyre. On calcine le mélange dans une grande capsule de platine, de manière à chasser un équivalent d'acide carbonique. On reprend la masse alcaline par petites parties dans le mortier chauffé, et on la réduit en poudre impalpable. On mêle alors cette poudre avec celle des silicates sur une feuille de papier glacé, en ayant soin de brasser rapidement, pour opérer un mélange parfait et sans nuances, avant que la déliquescence du carbonate de potasse ait pu contrarier l'opération ; il faut donc opérer à chaud et dans une atmosphère aussi sèche que possible. On ne doit pas, du reste, s'exagérer la difficulté de la manipulation ; la prépondérance du carbonate de soude masque la déliquescence du carbonate de potasse. Quelques chimistes emploient le carbonate de soude seul ; l'expérience nous a démontré que le flux était, dans ce cas, bien moins fondant et exigeait une bien plus grande chaleur.

Le mélange est introduit dans un creuset de platine d'une dimension telle qu'il en occupe au plus les deux tiers, et le creuset, couvert d'une plaque de platine débordant, est placé dans un berceau de fils de platine, et surmonté d'un tuyau d'un diamètre double de celui du creuset. On chauffe le creuset avec la lampe à alcool à double courant pendant trois quarts d'heure environ ; on vérifie un peu avant la fin de la calcination, en soulevant le couvercle, l'état de fusion complète de la masse. On arrête alors le feu ; et on laisse refroidir le creuset. Il contient un culot de verre alcalin qui se détache facilement des parois par une simple pression des doigts, si le creuset est mince, ou par quelques petits chocs si le creuset est épais. On fait tomber le culot dans une capsule de Bayeux de 13 centimètres de diamètre contenant de l'eau distillée, et on le laisse dissoudre en facilitant de temps en temps la dissolution avec un agitateur, et en plaçant la capsule sur un bain de sable à une température très-modérée (80 degrés centigrades environ). Quand le culot est entièrement dissous, on recouvre d'abord d'un entonnoir débordé par la capsule; on nettoie le creuset avec de l'acide azotique étendu qu'on reverse dans la capsule par un petit entonnoir, dont le bout est introduit dans celui de l'entonnoir qui recouvre la capsule. Il se manifeste une vive effervescence par le dégagement de l'acide carbonique, et on ajoute ensuite peu à peu de l'acide azotique jusqu'à ce que l'effervescence ait entièrement cessé. On enlève alors les deux entonnoirs, on lave avec l'eau distillée celui qui recouvrait la capsule, de manière à faire retomber l'eau de lavage dans la capsule. On remue la masse liquide avec l'agitateur, et, s'il y a encore dégagement de bulles, on ajoute de l'acide azotique, de manière à ce que la réaction soit franchement acide. Il faut alors évaporer le liquide avec les précautions les plus minutieuses pour ne pas altérer les azotates et rendre les oxydes de fer difficilement attaquables par les acides. Dans ce but on évapore d'abord au bain de sable, en ayant soin de ne pas dépasser dans l'évaporation la ligne d'affleurement du bain de sable et du liquide de la capsule. On transporte alors la capsule au bain-marie et on pousse l'évaporation jusqu'au degré qu'on peut obtenir par ce procédé; enfin on achève la dessiccation au bain d'air, c'est-à-dire en tenant la capsule suspendue, sans aucun contact des parois, dans une grande capsule en cuivre, chauffée directement à la lampe. Quand la dessiccation est parfaite, on imbibe la masse avec un peu d'eau acidulée azotique, qu'on a eu soin de faire chauffer avant de la verser dans la capsule; cette digestion doit durer une demi-heure sans jamais arriver à la dessiccation ; on réajoute au besoin un peu d'eau acidulée. On retire alors la capsule, et on la remplit brusquement d'eau froide. Toute la silice est séparée, toutes les bases sont dissoutes, et on recueille la silice sur le filtre, en lavant soigneusement à l'eau chaude. Le liquide de filtration est reçu dans une grande fiole (λ).

La silice, desséchée, calcinée et pesée, donnerait le chiffre total de ce que la terre contenait (en faisant, bien entendu, la réduction du rapport du poids de l'échantillon traité à celui du total de la partie inattaquée), si l'on n'avait pas à tenir compte d'une très-petite quantité de silice recueillie sur le filtre (C), et dont nous avons déjà parlé à propos de la détermination de la magnésie. Pour se faire une idée de l'importance de cette fraction, on donne ici les pesées du contenu du filtre (C) dans plusieurs analyses ; les poids sont toujours rapportés à 100 parties.

Launac (Hérault). Garigues, propriété Marès.	0.090
Launac (Hérault). Jardin, propriété Marès.	traces
Saint-Gilles (Gard). Propriété Dugat.	0.100
Vauvert (Gard). Propriété Brunel.	0.080
Château de Tusques (Gard). M. de Vogué.	0.030
Laboryte (Paulhaguet). Comte de Mortéuil.	0.075
Le même, roche de gneiss.	traces
Chigny (Vaud). Moraine. M. Forel	0.060
Sylvaréal. Arènes de Méditerranée. M. de Daunant.	0.050
Roville (Meurthe). Côte Rochet.	0.010

On voit que la moyenne est environ de 5 dix-millièmes, et, comme dans ces terrains la silice forme plus de la moitié du poids, la perte peut être évaluée tout au plus à 1 millième du poids de la silice totale.

Cette observation présente un double intérêt ; d'abord un intérêt de docimasie. Tous les traités de chimie apprennent que si, après une attaque acide, la terre attaquée n'est pas amenée, par l'évaporation, à une siccité complète, une partie de la silice reste dans cet état moléculaire qui lui permet de traverser tous les filtres, et ils nous apprennent aussi qu'une simple concentration de la matière attaquée suivie d'une addition brusque d'eau froide suffit pour changer à peu près complétement l'état moléculaire de la silice, et la rendre susceptible d'être arrêtée par les filtres. Nous avons ici la mesure de l'efficacité de cette manipulation, puisqu'en concentrant au bain-marie, et étendant d'eau froide, il ne passe plus sur un échantillon de 10 grammes que 5 milligrammes de silice; c'est-à-dire 10 milligrammes au maximum, et des traces seulement au minimum. Les analystes ont souvent un immense intérêt à ne pas poursuivre la dessiccation complète, surtout en présence du chlorure de calcium; car ils sont exposés, dans cette poursuite, à d'autres changements moléculaires que celui de la silice, changements qui peuvent compromettre toute leur analyse; ils savent dans quelle mesure ils s'exposent à entraîner de la silice dans leurs manipulations, et ils sont certains de la retrouver après la première calcination réelle.

D'un autre côté, il est évident, si la silice est un médium nécessaire à la nutrition des végétaux, qu'on doit chercher celle qui peut entrer dans le courant de la séve, justement dans cette quantité qui est susceptible de se présenter à un état moléculaire propre à passer à travers tous les filtres et à suivre tous les liquides. Les résultats que nous avons donnés prouvent, dans les circonstances les plus défavorables, après des efforts de destruction de cette faculté, la présence persistante d'une certaine quantité de silice qu'on pourrait appeler à l'état naissant. On peut donc être rassuré sur la présence de cet élément, et les chimistes agronomes peuvent se dispenser de le rechercher péniblement. Quoi qu'il en soit, il est toujours essentiel, au point de vue de la sincérité de toutes les déterminations, soit de constater rigoureusement le poids de la silice entraînée par les liquides, et de peser très-exactement les silicates inattaquables, soit enfin, si on doit procéder à l'analyse de la partie inattaquable, de recueillir et de déterminer à la balance de précision toute la silice qui y est contenue; car on doit toujours retrouver le poids de la terre dans la somme de ses éléments. Si l'on détermine un des éléments par différence, et c'est justement ce que nous proposons pour les matières organiques, la connaissance scrupuleuse du dosage de tous les autres composants est la seule garantie de l'exactitude de cette détermination. Il n'y a donc pas, à proprement parler, de petites questions, de point à négliger. La part de l'induction doit toujours être réduite au minimum, et c'est pour avoir voulu faire de l'analyse agricole *grosso modo*, que l'agrologie est restée si longtemps une science stationnaire.

Pour ne pas y revenir, nous allons rechercher les autres éléments de la partie inattaquable. Nous ne pouvons nous occuper des alcalis qui doivent être déterminés par la méthode fluorhydrique ; mais il faut déterminer la chaux, la magnésie, le fer et l'alumine.

On reprend la fiole (λ) qui contient la dissolution azotique du flux de potasse et de soude et les azotates des oxydes terreux et métalliques. On dissout dans la fiole 1 ou 2 grammes de sel ammoniac, et on ajoute de l'ammoniaque caustique jusqu'à ce que la réaction soit alcaline. L'alumine et le fer sont précipités, on les recueille sur filtre ; on lave à l'eau distillée froide, et le liquide de filtration est recueilli dans une fiole (μ). Le traitement du filtre est entièrement conforme à celui qui sera décrit dans les paragraphes suivants relatifs aux dosages du fer et de l'alumine, et nous ne nous y arrêterons pas. On ajoute dans la fiole (μ) une pincée d'acide oxalique et un excès d'ammoniaque caustique ; la chaux est séparée et, après plusieurs agitations et une digestion de deux heures, est rassemblée sur filtre à l'état d'oxalate de chaux ; le liquide est reçu dans une fiole (ν). L'oxalate de chaux sur filtre, après dessiccation complète, est recueilli, passé à l'étuve à 100 degrés pendant quelques heures, puis pesé ; ce poids, multiplié par le coefficient 0.384, donne celui de la chaux. Dans la fiole (ν) on précipite la magnésie à l'état de phosphate ammoniaco-magnésien par le phosphate d'ammoniaque ; mais, à cause de la solubilité du précipité dans le liquide ammoniacal, il convient, auparavant, de rapprocher la liqueur autant qu'on le peut en présence d'une quantité considérable de sels alcalins. Dans les données de l'analyse on peut pousser le rapprochement jusqu'à 2 décilitres. On ajoute alors le phosphate d'ammoniaque et une certaine quantité d'ammoniaque caustique, dont la présence diminue la solubilité du phosphate ammoniaco-magnésien. On recueille sur un petit filtre le précipité après une digestion de vingt-quatre heures ; on lave le précipité avec de l'ammoniaque caustique étendue de deux volumes d'eau distillée, et méthodiquement, pour employer la moindre quantité possible de liquide. Le précipité sur filtre, desséché, est recueilli et calciné dans un petit creuset au rouge-cerise pendant une demi-heure. Le poids du phosphate bibasique de magnésie ainsi obtenu, multiplié par le coefficient 0.364, donne le poids de la magnésie. Dans les conditions de l'analyse ce poids doit être augmenté de 2 milligrammes pour pertes résultant de la solubilité du phosphate ammoniaco-magnésien dans le liquide de précipitation.

§ 8. — Dosage du fer et de l'alumine attaquables.

On reprend la fiole (α) qui contient la solution chlorhydrique du précipité alumino-ferrique obtenu par l'ammoniaque caustique dans le liquide de l'attaque par l'eau régale. On ajoute peu à peu, par fragments, de la potasse caustique dans le liquide, jusqu'à ce que le précipité aluminoferrique commence à se manifester par l'agitation. On continue alors à ajouter des fragments de potasse qu'on fait dissoudre par l'agitation, et la règle invariable est d'introduire ainsi graduellement une quantité égale à celle qui a déterminé la précipitation. Cette marche est indispensable pour assurer la combinaison de l'alumine avec l'excès de potasse, combinaison qui reste bien souvent incomplète parce qu'on s'est abusé sur la signification du mot, *excès de potasse*, employé par les chimistes.

La précipitation des sesquioxydes arrive bien longtemps

avant la neutralisation parfaite des acides par l'alcali, et, quand cette neutralisation est obtenue par les acides énergiques, il faut encore fournir une quantité de potasse surabondante pour obtenir l'aluminate de potasse. Pour favoriser sa formation et séparer entièrement l'acide phosphorique du sesquioxyde de fer en le faisant passer à l'état allotropique, il faut soumettre le liquide potassique à une ébullition d'une heure au bain de sable. A feu nu on risquerait d'amener la rupture de la fiole et la perte de l'opération. On prépare un filtre double qu'on lave à l'eau bouillante, et dont la filtration est reçue dans une fiole qu'elle échauffe ; on vide la fiole, on la replace sous le filtre, et on commence la filtration du liquide potassique de la fiole (α) ; le sesquioxyde de fer reste sur filtre, et on lave méthodiquement et avec obstination à l'eau bouillante. Même après avoir retiré la fiole qui contient le liquide de filtration, on continue à laver le sesquioxyde de fer à l'eau bouillante à filtration perdue, afin de séparer, autant que possible, une petite quantité de potasse qui adhère fortement aux molécules du sesquioxyde. On met ensuite le filtre à sécher.

Quant à la fiole qui a reçu la filtration et les premiers lavages, pour séparer l'alumine on commence par neutraliser la potasse par l'acide chlorhydrique ; au point de neutralité l'alumine trouble la liqueur ; une légère addition d'acide chlorhydrique la redissout. On la précipite alors par le sesquicarbonate d'ammoniaque en excès ; on la recueille sur filtre, et on lave à l'eau bouillante à filtration perdue. Le filtre est mis à sécher.

Le sesquioxyde de fer est recueilli avec soin sur le filtre sec qui l'a reçu, et placé dans une capsule de platine ; on le calcine et le pèse. L'alumine est recueillie de la même manière dans un petit creuset de platine ; on calcine au rouge clair une demi-heure et on pèse. Comme il ne s'agit pas, à proprement parler, de substances alimentaires (surtout pour l'alumine, car le fer entre évidemment en petite proportion dans la nutrition), on pourrait considérer ces poids

comme définitifs ; mais il ne faut pas oublier que la plus rigoureuse exactitude est nécessaire dans l'appréciation de
tous les éléments, puisque nous devons arriver à l'évaluation des matières organiques par différence. Il faut donc
apprécier la sincérité des dosages obtenus. Si le fer et l'alumine étaient seuls dans la fiole (α), l'opération serait sans
doute rigoureuse ; mais le fer et l'alumine ont entraîné avec
eux une part considérable de l'acide phosphorique contenu
dans la terre ; on pourrait dire la totalité, si la solubilité ca-
pricieuse des phosphates ne laissait pas la crainte que le
simple lavage des sesquioxydes sur filtre a pu séparer une
fraction de l'acide phosphorique. Cependant cette fraction
est faible, et il est facile d'en donner la preuve. Dans la séparation opérée par la potasse et l'ébullition entre le fer et
l'alumine, le fer ramené à l'état allotropique abandonne
entièrement l'acide phosphorique à la potasse en excès.
Après la neutralisation de l'alcali, dans le liquide séparé du
fer, par l'acide chlorhydrique, la précipitation de l'alumine
par le carbonate d'ammoniaque entraîne de nouveau
l'acide phosphorique à l'état de phosphate d'alumine, et il
est à présumer, d'après les principes généraux de la sta-
tique chimique, que l'alumine doit retenir la presque totalité de l'acide phosphorique qui se trouvait dans l'échantillon. C'est ce qui arrive, en effet, si on traite cette alumine,
telle qu'on vient de l'obtenir, comme un échantillon pour
l'analyse des phosphates ; c'est-à-dire, pour le rappeler
sommairement, si on le pulvérise avec soin, si on le convertit ensuite en verre soluble en le calcinant avec un flux
de carbonate de soude provenant de bicarbonate de soude
purifié ; si on dissout ce verre dans l'eau ; si on sursature le
liquide d'acide azotique ; si l'on fait digérer ce liquide acide
à chaud au bain-marie pendant vingt-quatre heures pour
ramener l'acide phosphorique à la forme tribasique, et si
enfin on précipite le liquide rapproché par le nitromolybdate d'ammoniaque, on obtient un dosage d'acide phosphorique un peu inférieur à celui qu'on a obtenu par l'attaque

initiale de la terre elle-même, mais en somme assez approché. Ainsi, dans une terre de M. Henri Marès, on a trouvé pour le dosage de l'acide phosphorique dans l'alumine 0.063. On avait trouvé pour le dosage dans la terre entière 0.068. On voit donc qu'il faut retrancher du dosage de l'alumine celui de l'acide phosphorique. Quant au sesquioxyde de fer, il n'y a pas d'intérêt d'analyse à modifier son dosage; à supposer qu'il pût retenir un peu de chaux à l'état de carbonate, provenant de l'imperfection des lavages dans une terre très-calcaire, cette chaux appartiendrait à la terre analysée; il est assez indifférent qu'elle soit comptée avec le dosage de la chaux elle-même ou avec celui du sesquioxyde de fer; le total des éléments n'est pas altéré, et, du reste, elle est toujours en minime quantité, surtout si on a soin, dans les sols très-calcaires, au lieu de s'obstiner à des lavages, de précipiter deux fois les sesquioxydes, en réunissant tous les liquides de filtration après chaque précipitation.

Il faut maintenant étudier ces deux substances au point de vue des qualités qu'elles communiquent au sol dont elles font partie, et c'est un des points les plus importants de la connaissance des terres dans le laboratoire. Les sols arables sont la réunion, en quantités variables, des débris des roches et des produits naturels de leur décomposition, sous l'action du temps, des forces naturelles, et des instruments de culture. Une partie importante de notre sol agricole est même en voie de formation directe par les cultures arbustives, telles que la Vigne, introduites dans des roches tendres de gneiss ou de micaschiste, d'abord par l'action du pic et de la pioche, puis peu à peu, à mesure que les cultures se développent, par des labours énergiques avec de fortes charrues armées de barres d'acier en guise de soc. Tel est le mode d'établissement des Vignes de M. de Matharel à Chezy près Issoire, de M. de Morteuil à Laboryte près Paulhaguet, dans les gneiss, de M. Paret à Annonay, dans les granits, et d'une infinité de propriétaires qui ont suivi ou précédé dans cette voie ceux que l'on vient de citer. Ces terrains sont donc créés de toutes pièces avec les débris de la roche brisée par l'industrie agricole. Mais, à côté de ces terrains, d'immenses surfaces de terres arables sont le produit évident de la décomposition sur place ou à faible distance des roches par les forces naturelles; et ces terrains en conservent tous les éléments principaux, avec ce caractère commun d'une forte diminution, des éléments attaquables par voie acide. Ainsi une roche de gneiss qui cédait 20 pour 100 de son poids, à l'attaque acide, en éléments solubles, transformée depuis longtemps en terre arable, par l'atténuation naturelle de ses éléments, n'en fournit plus, dans cet état, que 17 ou même 13 parties sur 100. La raison en est bien simple. L'état rocheux n'offrait qu'une surface très-réduite à l'action des forces naturelles, et cette surface protégeait contre toute décomposition la masse intérieure. Cette même masse, réduite en sable de toutes les dimensions jusqu'à la grosseur impalpable, a été livrée sans défense à toutes les actions météoriques. Cette décomposition lente, mais incessante, des silicates, si bien étudiée par M. Daubrée, a mis à découvert les éléments basiques de la roche qui ont été successivement entraînés par les eaux adventices, toutes les fois que leur nature chimique permettait la solution dans des circonstances données, et souvent aussi en raison de leur atténuation par une simple action mécanique. Dans ce dernier cas, ces terrains semblent se réduire à un sable maigre et sans liaison, auquel on ne peut communiquer un peu de force productive qu'en attaquant par des cultures profondes le sous-sol, ce qu'on appelle le Gor dans les sols granitiques, sous-sol qui, grâce à l'abri du sol supérieur, et grâce à sa profondeur qui l'a fait échapper jusqu'à présent à la division par les instruments de culture, a pu conserver dans leur intégrité les éléments solubles de la roche primitive.

Après avoir saisi ainsi, à l'origine, la formation élémentaire des sols arables, il faut se hâter d'ajouter que cet état élémentaire, quoique beaucoup plus fréquent qu'on ne le suppose ordinairement, n'est pas le cas le plus général de la constitution des sols arables. Le plus souvent ces sols sont formés de débris entraînés par les eaux à de grandes distances, et auxquels il serait bien difficile de donner un certificat d'origine. Ici il faut encore distinguer si, après avoir examiné les terrains formés sur place des débris des roches, on étudie ceux qui appartiennent au même thalweg, même sur une assez grande échelle, on trouve à tous ces terrains un air de famille impossible à méconnaître. Ainsi la vallée de la Durance, dont le bassin est cependant très-étendu, montre dans toutes ses alluvions un caractère constant. Cependant les affluents secondaires sont très-nombreux ; la crue de la rivière qui a formé les dépôts était due tantôt à un affluent, tantôt à l'autre ; mais le bassin offre une assez grande uniformité géologique, et les exceptions n'ont pu influer sérieusement sur la nature des dépôts.

Désignation des localités.	Carbonate de chaux.	Silice
Limon de la Durance en une crue (Pomerol).	42.580	non déterminée
Terre de Barbantane..	44.550	id.
— du Cheval-Blanc.	43.410	37.680
— de Romanin.	43.110	38.370
— de Bressières.	41.870	38.740
— de Korkes.	44.680	36.900
— de Cabannes..	41.630	non déterminée
— de Tarascon.	41.480	id.

Ces terres ont été fournies par M. King, négociant en Garances, et par conséquent sans aucune préoccupation de système minéralogique. Leur analyse a été faite sans exception sur tous les échantillons fournis, et pour des recherches purement alimentaires. Leur uniformité à des distances bien grandes les uns des autres et à des positions bien différentes par rapport au lit du fleuve est donc une preuve sans réplique de cette parenté étroite, qui permet, le plus souvent, de donner dans le laboratoire à une terre son certificat d'origine, même quand elle ne porte pas d'étiquette ; cela est arrivé plus d'une fois à l'auteur de ce Traité. Cependant il ne faut pas pousser trop loin l'analogie, et une rencontre fortuite pourrait tromper l'analyste. D'un autre côté, quand un bassin devient assez considérable pour avoir des affluents qui sont de véritables rivières, et qui proviennent de formations différentes, les alluvions du fleuve qui donne son nom au bassin peuvent offrir des variétés infinies. Ainsi, prenons le bassin du Rhône pour exemple : la Saône et l'Ain viennent du Jura ; tous les affluents de l'Ardèche viennent de sols basaltiques ou granitiques ; sur la rive gauche le bassin de l'Isère est schisteux, et granitique par le Drac, et toutes les autres rivières jusqu'à l'embouchure proviennent de formes calcaires. Les crues du fleuve et, par suite, ses alluvions proviennent rarement de l'ensemble des bassins ; presque toujours, sauf aux embouchures, elles sont dues à l'affluence d'un bassin particulier. Les terrains submersibles de la vallée du Rhône ont donc un caractère mixte et variable suivant le moment de la formation du dépôt ; car, spécialement dans les terrains endigués, il n'arrive jamais que la formation soit lente et présente une moyenne de la composition des limons charriés par le fleuve ; des accidents, des ruptures de digues, la proximité ou l'éloignement du point de jonction de l'affluent qui gouverne la crue, occasionnent des alluvions rapides qui, en une seule fois, présentent une forte partie de l'épaisseur de la couche arable sur des propriétés étendues. Les conclusions de l'agrologue, tirées de l'analyse de ces échantillons, sont donc incertaines en ce qui concerne leur origine. Cependant il peut encore, avec un grand degré de probabilité, indiquer approximativement le point du bassin où le dépôt s'est formé avec la seule donnée de sa composition chimique. Mais ce n'est plus qu'une probabilité.

Si des terrains d'alluvion nous passons aux terrains de diluvium, la nuit s'épaissit. Ces sols silicéo-ocreux, qui recouvrent des plateaux, des montagnes, des coteaux d'une inclinaison très-forte et qui, reposant ainsi souvent sur la roche calcaire, ne contiennent pas l'élément calcaire ou le contiennent en quantité minime, sont, en réalité, de véritables terrains erratiques jetés loin du lieu de leur origine par une convulsion de la nature dont il faut laisser l'appréciation aux géologues. Toutefois, ces terrains eux-mêmes, qui, du reste, se trouvent mêlés, dans toutes les proportions, aux alluvions, viennent d'une décomposition ancienne des roches. Les crises géologiques qui les ont entraînés et déposés ont fait souvent des triages étranges qui donnent à la terre arable un cachet particulier. Ainsi, un terrain de diluvium sur dolomie, à Parade, près de Générargues, dans le Gard, contient 40 pour 100 de sesquioxyde de fer, tandis que le même diluvium, dans seize échantillons, pris sur le lias, sur le terrain oxfordien, sur le micaschiste, sur le néocomien, sur le calcaire à hippurites, et qui ont été soumis à notre analyse par M. Emilien Dumas, de Sommières, présente un dosage de 5 à 10 pour 100. Les argiles, les marnes et les craies des différents âges zoologiques offrent, du reste, des exemples sans nombre de ces résultats singuliers des remaniements des débris des roches dans les crises neptuniennes.

Le mélange, dans des proportions variables, de toutes ces formations, roches en nature, sables, argiles, marnes et craies de différents âges et de différentes provenances, plus ou moins remaniées par les eaux, constitue la masse des terres arables. Le nombre et la durée des remaniements ont amené une grande dissipation des éléments solubles, c'est-à-dire une plus ou moins grande pauvreté du sol en richesses minérales. La connaissance de cette pauvreté ou de cette richesse est justement le but principal de l'analyse agrologique; mais, pour la bien apprécier, il faut se rendre un compte exact des phénomènes qui se passent dans ces assemblages de particules qui constituent le sol, phénomènes dans lesquels le rôle de l'alumine et du fer oxydé est prépondérant.

Mettant de côté les fragments pierreux, qui n'ont pas d'autre influence sur la végétation que la place qu'ils occupent inutilement, le sol est donc formé de particules de toutes dimensions au-dessous de celle d'un millimètre, ou du poids de 1 milligramme à zéro, les unes provenant du broiement des roches calcaires, les autres de la division des roches siliceuses. Les premières ont une utilité directe, dans l'alimentation des végétaux, mais leur surabondance est plutôt un danger qu'un avantage pour l'agriculteur, par la rapidité avec laquelle elles dissipent les matières organiques en s'emparant des éléments acides et évaporant tous les éléments neutres ou alcalins qui sont volatils par eux-mêmes, ou bien les mettant dans un état de solubilité qui livre à la discrétion des eaux adventices ce qui n'est pas immédiatement consommé par les cultures. Ces particules calcaires fixent l'acide phosphorique en formant des sels tribasiques insolubles, ou dont, tout au moins, la solubilité, ne s'exerçant que de proche en proche par des décompositions et des recompositions moléculaires, ne donne aucune activité à la végétation. Enfin, nous avons montré plus haut que le carbonate de chaux, dans une proportion qui dépasse 29 pour 100, communique aux sols continus ou compactes le caractère de l'immobilité et aux sols discontinus une porosité qui précipitent l'évaporation des liquides et peuvent amener, dans les entreprises agricoles, pendant les périodes de sécheresse, les accidents les plus graves, comme on l'a vu, ces dernières années, pour la Vigne.

En faisant abstraction de ce composant et des matières organiques, tout le reste du sol arable est uniquement formé par les produits d'une décomposition plus ou moins avancée des roches siliceuses, feldspaths, granits, granitoïdes, gneiss, schistes, micaschistes, grauwackes, quartz, silex, etc., etc. Les produits de ces décompositions sont de deux natures, solubles ou insolubles, sinon absolument au moins relativement, sous l'influence des liquides qui circulent dans la couche arable. Il est évident que cette couche, en dehors des actions violentes, retiendra à peu près en totalité les éléments insolubles, et sera appauvrie des éléments solubles plus ou moins, selon qu'elle sera le résultat de remaniements

plus ou moins considérables, et que, une fois en place, elle
aura été plus ou moins soustraite aux influences météoriques. Or, les véritables éléments insolubles dans les produits des décompositions des roches siliceuses sont, après la
silice, l'alumine et le sesquioxyde de fer. On pourrait presque,
par un calcul d'équivalents, et avec une hypothèse très-pro-
bable sur les unions des silicates, remonter, par le dosage de
ces trois éléments, à l'origine des roches qui ont formé le sol
et apprécier par l'étendue des pertes en éléments solubles
les vicissitudes éprouvées par les débris de ces roches avant
de constituer le champ où l'agriculteur exerce son art. Les
constituants solubles des silicates primitifs sont la magnésie,
la potasse, des traces de chaux que nous ne citons que pour
mémoire, de l'acide phosphorique combiné (quelquefois en
proportions assez considérables dans les terres basaltiques
et les terrains volcaniques modernes), de la soude en très-
faible proportion, sauf dans des formations exceptionnelles
où le feldspath a été remplacé par l'albite, et dans les terrains de diluvium ou d'alluvion en communication avec des
sources salées. En nous arrêtant sur l'acide phosphorique,
la potasse et la magnésie, qui sont les composants solubles
les plus universellement répandus, et, par une dispensation
providentielle, les seuls indispensables à la nutrition végétale, il est facile de constater la faible proportion de ces
composants dans la plupart des terres arables par les causes
que nous avons décrites. Cette pauvreté, bien loin d'étou-
ner l'observateur, lui semble tellement naturelle, que sa
surprise s'attache bien plutôt à l'existence constante de ces
trois éléments à l'état soluble, car une logique bien élémentaire suffit à démontrer qu'il ne devrait plus en rencontrer de traces dans les terrains, ou du moins que les
terrains ne peuvent avoir conservé que les parties engagées
dans les silicates qui n'ont pas encore subi d'altération.

Ici apparaît le rôle du sesquioxyde de fer et de l'alumine
hydratés, qui, par une affinité naturelle, retiennent l'acide
phosphorique et la potasse séparée des silicates, et servent

ainsi de magasins naturels pour la nutrition des végétaux.
La confraternité de ces deux sesquioxydes, qui ont entre eux
une affinité fondée, sans doute, non sur une attraction élec-
tro-chimique proprement dite, mais sur une conformité
moléculaire amenant des phénomènes de substitution ; cette
confraternité, disons-nous, est cause qu'il est difficile de
discerner si cette faculté d'emmagasinement, cette propriété
conservatrice qui s'étend aux matières organiques elles-
mêmes appartient plutôt à l'un qu'à l'autre des sesquioxydes.
L'observation semble pourtant établir que le sesquioxyde de
fer est spécialement le conservateur des éléments minéraux
et de l'ammoniaque et l'alumine des matières organiques,
ce que de nombreuses expériences chimiques, la ténacité
avec laquelle le sesquioxyde de fer retient la potasse et les
alcalis en général, et la formation des laques alumineuses
d'autre part, paraissent établir d'une manière irréfutable.

Malgré les services indispensables rendus par les deux
sesquioxydes hydratés, on aurait lieu de s'alarmer sur l'avenir
si l'agriculteur se trouvait en face d'un fait accompli et ne
pouvait plus compter, pour ses cultures, que sur les provi-
sions disponibles constatées dans le sol. Heureusement le
phénomène de la décomposition des silicates s'exerce constamment sous l'action des cultures et des météores. Ainsi
l'agriculteur trouve en réserve non-seulement les éléments
attaquables aujourd'hui, mais tous les éléments minéraux
alimentaires contenus dans les silicates non décomposés, et
cette réserve est ordinairement très-considérable. Toutefois
il est évident que plus on hâte sa disponibilité par les cultures, plus on appauvrit une source qui, pour être abondante, n'est pas inépuisable, et, du reste, certains terrains
n'ont, sous cette forme même, qu'un avenir très-peu ras-
surant. On est donc amené invariablement en face de la
grande loi agricole, celle des restitutions, et le rôle de l'agrologue est assez grand en indiquant aux praticiens, parmi les
restitutions, celles qui présentent le plus d'urgence et ce
qu'il convient de faire pour maintenir entre les aliments

des plantes un équilibre qui est la véritable condition du succès.

Il faut examiner séparément les deux sesquioxydes pour montrer leur répartition dans les différents terrains et leurs propriétés particulières. Le procédé d'analyse qu'on a suivi ne distingue pas entre les différents oxydes de fer, et cependant le sol peut contenir du protoxyde, de l'oxyde magnétique et du sesquioxyde. Le fer, qui entre évidemment dans la constitution végétale comme il entre dans la constitution animale, y pénètre très-probablement plutôt à l'état de sel de protoxyde qu'à l'état de sel de sesquioxyde. Bien que le carbonate de fer ne puisse être préparé dans le laboratoire, il existe dans la nature, en masse considérable, sous le nom de fer spathique, et se trouve en dissolution, en petite proportion, dans l'eau chargée d'acide carbonique. La plupart des sources et des eaux courantes contiennent des traces d'oxydes de fer, soit à l'état de bicarbonate, soit à l'état de sulfate, soit à celui de chlorure, soit encore à l'état de phosphate dissous à la faveur de l'acide carbonique. Sauf dans ce dernier sel, qui peut être considéré souvent comme un sel de sesquioxyde, presque toutes ces solutions sont des sels de protoxyde. Si l'on voulait réellement discerner dans le sol la partie du fer qui est à l'état de protoxyde, il faudrait une analyse spéciale fondée sur une attaque non oxydante et doser le protoxyde de fer au moyen de la décoloration d'une liqueur titrée de permanganate de potasse ; mais cette recherche sort du programme de ce Traité. Si le protoxyde de fer se trouve en quantité notable dans les eaux et dans les couches soustraites aux influences atmosphériques et forme la base ordinaire des silicates dans les roches, son importance disparaît dans les terres en culture, car l'oxygénation du protoxyde en présence de l'air et des météores est très-rapide, soit dans les sels solubles, soit dans les produits de la décomposition des sels insolubles. Les exemples de cette transformation frappent les yeux les moins exercés. La cassure verte d'une roche granitique devient rapidement ocreuse au contact de l'atmosphère ; dans les roches primitives schisteuses le phénomène s'étend assez loin au-dessous de la surface. Les pyrites ou sulfures de fer, sous la même influence, se changent successivement en sulfates, puis en sous-sulfates de sesquioxyde, puis en sesquioxyde pur, et les métallurgistes n'ont pas oublié ces tristes découvertes de couches de sesquioxyde qui, une fois enlevées comme minerais, ont laissé à nu des sulfates de fer, et, au-dessous, les pyrites qui avaient donné naissance aux deux produits. Le sesquioxyde est donc l'oxyde général et permanent qui caractérise les terres arables, et il est naturellement hydraté parce que, dans les décompositions par voie humide, les acides éliminés sont remplacés par l'eau, qui, à la température ordinaire, forme avec le sesquioxyde de fer une combinaison stable. Toutefois il est difficile d'admettre que la combinaison de l'eau avec le sesquioxyde ne présente pas des variations assez grandes, suivant l'état hygrométrique et la température. La facilité avec laquelle cet oxyde abandonne son eau de combinaison à une température peu élevée, et les variations de volume de l'oxyde, à mesure qu'il se dessèche, font supposer une série de combinaisons peu stables. Pour l'analyste, la question se réduit à déterminer la quantité d'eau retenue par le sesquioxyde à la température de 80 degrés centigrades, qui est la température ordinaire de la dessiccation des échantillons soumis à l'analyse dans son laboratoire. De nombreuses expériences établissent qu'à cette température le sesquioxyde retient 17 pour 100 de son poids d'eau, ce qui donne, pour cet hydrate, une composition très-rapprochée de la formule $2Fe^2O^3 + 3HO$ (1). Ce serait

----

(1) La détermination de la nature réelle des hydrates contenus dans le sol est un des problèmes les plus ardus de la chimie minérale. On rencontre des hydrates naturels qui ont, en effet, une composition se rapprochant de la formule adoptée, c'est-à-dire contenant, après dessiccation à l'étuve, à l'eau bouillante, 17 pour 100 d'eau de combinaison; mais si l'on veut reproduire ces hydrates dans le laboratoire, il est aussi impossible d'y réussir que de faire les carbonates de protoxyde de fer qui se

donc, en quelque sorte, un sesquihydrate, si l'on nous permet d'introduire ce néologisme dans la langue scientifique. En tout cas, quand on établit la série des composants d'un échantillon de terre, comme le sesquioxyde est pesé après déshydratation par voie de calcination, il ne faut pas oublier de rétablir le chiffre de l'eau de combinaison. Comme l'hydrate de sesquioxyde de fer est enlevé en totalité par l'attaque à l'eau régale, il est très-facile d'apprécier l'importance de son dosage dans les différents sols arables. Nous en donnons plus loin un tableau, en y joignant le dosage de l'hydrate d'alumine, que nous devons d'abord examiner séparément.

L'alumine est contenue dans les roches à l'état de silicate double, et principalement dans les grains feldspathiques du granit sous la forme $KO, Si O^3 + Al^2 O^3, 3 Si O^3$. Tout le monde sait que les grains feldspathiques (comme, du reste,

---

rencontrent dans la nature. Si l'on précipite d'un chloride de fer le sesqui-oxyde par le succinate d'ammoniaque, et qu'après les lavages du précipité dans l'eau bouillante on le fasse encore bouillir, dans l'eau distillée pour le purifier entièrement, si ensuite on le dessèche à l'étuve pendant plusieurs jours en le pulvérisant avec soin, et poussant la dessiccation jusqu'au delà du terme où chaque nouvelle journée de séjour à l'étuve n'amène plus de modification dans le poids taré sur une balance de précision, on trouve pour la composition de cet hydrate $Fe^2 O^3 + 2HO$, c'est-à-dire qu'il est isomorphe avec l'hydrate naturel d'alumine. Cependant les manipulations subies par le sesquioxyde ont dû le transformer en sesquioxyde allotropique, et, en effet, il est difficilement attaqué par les acides. Or le sesquioxyde allotropique contient moins d'eau que le sesquioxyde naturel. Quel est l'état naturel des sesquioxydes contenus dans toutes les terres arables, qui ont tant d'origines diverses et qui ont subi tant de remaniements différents ; qui, enfin, sont tous attaquables et pris en entier par l'attaque à chaud à l'eau régale ? C'est, à notre avis, une question encore en jugement, et nous ne serions pas étonné que le dosage des matières organiques se trouvât encore, par ce fait, notablement inférieur à la proportion déjà fort réduite à laquelle nous l'avons évalué. En résumé, le chiffre que nous donnons pour les matières organiques, après évaluation pour l'eau de combinaison de 17 pour 100 du sesquioxyde de fer attaquable et de 35 pour 100 de l'alumine attaquable, est un maximum susceptible de réduction.

tous les silicates, même ceux qui, comme les verres, ont
reçu l'action du feu) se décomposent lentement sous l'action
continue des météores, et que le kaolin ou terre à porcelaine est un produit de cette décomposition. Le kaolin est
un mélange de grains quartzeux, de grains de feldspath non
décomposés, et d'une partie impalpable qui semble le résultat le plus avancé de la décomposition du feldspath. On
pourra juger, par comparaison, de ce qui a disparu de la
composition primitive dans cette poussière impalpable. Pour
faciliter la comparaison, on place, pour le même dosage en
alumine, le feldspath non décomposé à côté de l'analyse du
kaolin :

	FELDSPATH.	ARGILE KAOLIN.
Silice.	227.00	83.00
Alumine. . .	64.00	64.00
Potasse. . . .	59.00	4.30

La plus grande partie de la potasse a disparu, comme on
pouvait s'y attendre; mais il est remarquable qu'on ne retrouve dans les parties fines séparées par la lévigation qu'un
peu plus du tiers de la silice totale. Les chimistes les plus
justement accrédités ont voulu expliquer cette singularité en
admettant que, dans les trois équivalents de silice combinés
avec l'alumine dans le feldspath, deux avaient disparu dans
la décomposition lente de cette roche et avaient été remplacés par deux équivalents d'eau, en sorte que l'alumine
se trouverait engagée dans cette argile à l'état d'hydrosilicate sous la forme $Al^2O^3, SiO^3 + 2HO$. En effet, la quantité
d'eau retenue dans le kaolin desséché à l'étuve se rapproche
de celle qui constituerait deux équivalents, si on la compare
au dosage de l'alumine. Mais, évidemment, cette explication
ne rend pas compte de la disparition de la silice, à moins
qu'on n'admette qu'elle a été régulièrement emportée par
les eaux, à l'état gélatineux, au moment même où la décomposition s'opérait. Mais, dans les terres arables, cette disparition de la silice devrait se manifester, sinon au même degré, au moins d'une manière comparable. Or, si nous prenons ·

les analyses totales d'un certain nombre de terrains au hasard, nous trouvons les résultats suivants sur 1,000 parties :

	Silice.	Alumine.
Diluvium du Plan-de-Dieu (Vaucluse)	680	99
Moraine en Vignes, Chigny, Vaud (Suisse)	680	110
Argile glaciaire, ou diot, Bellevue (Genève)	390	116
Sables granitiques, Annonay (Ardèche)	758	104
Terre argilo-calcaire de Pæstum (Italie)	436	100
Cheval-Blanc, alluvion de la Durance	377	58
Romanin, alluvion de la Durance	384	50
Diluvium de Saint-Jean-du-Gard sur lias	625	131
Causse de Campestre (Gard)	414	244
Diluvium de Fourniguet, près Saint-Gilles (Gard)	725	123
Causse Bégou, près de Trèves (Gard)	361	263
Diluvium d'Anduze (Gard), sus-oxfordien	628	169
Argile plastique de Bollène	747	120

En retranchant les deux causses des Cévennes, de Campestre et de Bégou, dans lesquels, pour des raisons que nous n'avons pu étudier, le rapport entre la silice et l'alumine se rapproche de celui de l'argile kaolin après les deux lévigations qui ont servi à la préparer, l'ensemble des analyses donne, entre la silice et l'alumine, le rapport de 36 à 6, au lieu de celui de 8 à 6 donné par l'argile kaolin. Sans doute les argiles contenues dans ces terrains retiennent une quantité de silice importante due à la pulvérisation des fragments quartzeux et à la décomposition des micas. Néanmoins il est impossible, en présence de ces résultats, d'admettre la disparition de la silice à l'état naissant. Elle a suivi l'alumine à travers tous les remaniements, et ces remaniements mêmes ont amené son atténuation et son mélange à l'état impalpable avec l'alumine. C'est, du reste, là, probablement, l'explication de la nature de certains dépôts, et, en particulier, de l'argile kaolin. Bien loin d'être entraînée dans les phénomènes de décomposition lente et tranquille, la silice, à l'état naissant, se réunit aux atomes semblables et forme, par voie humide, des cristaux qui sont de véritables grains de sable, relativement aux hydrates alumineux, et qui se trouvent séparés par des lévigations soignées.

Au contraire, dans les crises géologiques et les mouvements neptuniens, les grains de silice entraînés s'usent par le frottement, sont réduits à l'état impalpable, n'étant plus à l'état naissant, ne sont plus susceptibles de s'agglomérer, et se retrouvent ainsi en totalité, sauf de rares exceptions, dans les terres arables.

Mais l'alumine dans les argiles est-elle réellement engagée à l'état d'hydrosilicate d'alumine, comme on l'admet généralement; ou bien l'argile est-elle un simple mélange de particules à l'état impalpable, tout aussi bien de silice hydratée ou anhydre, que d'alumine hydratée, de sesquioxyde fer hydrate, de carbonate de chaux, de carbonate de magnésie, de phosphates d'une ou de plusieurs de ces bases en petite proportion, enfin de silicates non décomposés? Les analyses nous font pencher vers cette dernière opinion. Aucun chimiste, à notre connaissance, n'a jamais pu présenter l'hydrosilicate d'alumine à l'état isolé, tandis que l'hydrate d'alumine se rencontre fréquemment à l'état de pureté, et, comme cet hydrate retient deux équivalents d'eau, tout aussi bien que l'hydrosilicate hypothétique, dont on a voulu faire la base constituante des argiles, il est évident que ce n'est pas la détermination de l'eau combinée à l'alumine qui peut résoudre la question. Si, au contraire, nous examinons attentivement l'analyse de ces argiles si variées qui forment, en quelque sorte, la base de tous les sols arables, nous y trouvons les éléments du mélange en toute proportion ; la quantité d'eau toujours proportionnelle à la quantité d'alumine attaquable par l'eau régale ; cette alumine, régulièrement dissoute en même temps que le fer, dont elle semble bien plus la compagne ordinaire qu'elle ne peut l'être de la silice ; enfin, les silicates non attaqués parfaitement anhydres et retenant les bases, qui formaient les roches à l'état de silicates doubles de ces bases et de l'alumine. Du reste, le sesquioxyde de fer et l'alumine sont isomorphes, et tout indique que leurs destinées sont pareilles, avec cette réserve, cependant, que le fer passe, en général, de l'état de protoxyde à celui de sesquioxyde pendant la décomposition des silicates, et que l'instabilité du protoxyde, ou, plus correctement, son affinité très-grande pour l'oxygène, est un des adjuvants les plus actifs de cette décomposition, tandis que l'alumine, n'ayant qu'un seul oxyde, ne doit sa mise en liberté qu'à son association avec une base puissante et soluble dans un silicate complexe.

On a insisté sur cette discussion qui est loin d'être encore une solution définitive, parce que la connaissance parfaite de la constitution des argiles est certainement la partie principale de la connaissance des sols arables. Quant à présent, il nous suffit de savoir que l'alumine attaquée, quelle que soit l'hypothèse admise sur son état d'hydrate ou d'hydrosilicate, est associée à deux équivalents d'eau qui ne se séparent qu'à une température élevée. Il en résulte que dans la récapitulation des éléments constitutifs d'un sol, quand on a pesé l'alumine calcinée, il faut ajouter l'eau combinée, comme on le fait pour le sesquioxyde de fer, et cette eau combinée représente 35 pour 100 du poids de l'alumine calcinée. On peut mesurer, dès à présent, quelle était l'erreur de ceux qui voulaient apprécier le dosage des matières organiques par voie de calcination. Sans parler des risques de décomposition des carbonates, de grillage de certains composés binaires, de réduction de certains autres et de volatilisation des chlorures, on se trouvait en présence d'une grande erreur : la déshydratation des sesquioxydes dont on ne tenait pas compte et dont, du reste, on ne pouvait tenir compte qu'après les avoir dosés méthodiquement.

L'alumine présente encore pour l'étude agrologique un caractère de la plus haute importance et sur lequel il faut insister. L'alumine hydratée est comme le ciment qui réalise la ténacité, ou, pour parler plus exactement, la résistance à l'écrasement. Mais cette propriété ne s'exerce que dans les terrains compactes. En effet, la continuité ou la compacité sont la première condition de l'exercice de la force de contraction de l'alumine. Il faut qu'il y ait contiguïté entre les particules impalpables du sol, pour que le ciment en fasse un tout homogène et résistant. La connaissance du dosage en alumine n'a donc aucune portée quand elle est indépendante de l'analyse physique du sol. Mais, au contraire, quand cette analyse démontre une proportion de plus de 30 pour 100 de parties impalpables, sa ténacité se proportionne à l'abondance de l'alumine hydratée. Ainsi, une terre d'Athen-les-Paluds qui contient 52 pour 100 de parties impalpables est sans ténacité parce qu'elle ne renferme que 0.5 pour 100 d'alumine attaquable. Une terre de Roville qui contient 47 pour 100 de parties impalpables est une terre très-forte parce qu'elle contient 2.5 pour 100 d'alumine attaquable. En revanche, une Vigne de Lacryma-Christi est sans ténacité, bien qu'elle contienne 9 pour 100 d'alumine attaquable, parce qu'elle ne présente que 12 pour 100 de parties impalpables. On pourrait multiplier ces exemples à l'infini ; toutefois, il faut se garder de conclusions trop absolues ; il n'est pas prouvé que les hydrates de sesquioxyde de fer ne jouent pas un rôle analogue à celui de l'alumine, et la silice hydratée elle-même, dans son mélange avec la chaux carbonatée, donne à la masse, par la dessiccation, une consistance que le carbonate de chaux et la silice n'auraient pas séparément. On peut donc conclure que le phénomène de la ténacité ne se présente que dans les sols continus, et que, dans cette grande classe de terrains, l'alumine a une action directe et positive pour réaliser cette qualité ; mais on ne saurait proportionner rigoureusement dans ces terrains la ténacité au dosage de l'alumine attaquable parce que d'autres éléments, notamment le sesquioxyde de fer et la silice hydratée, paraissent avoir une action dans le même sens, tandis que le rôle du carbonate de chaux serait purement passif.

§ 9. — Dosage des matières organiques.

La détermination de la masse totale des matières organiques n'est plus que l'objet d'une simple soustraction, après les dosages qui précèdent. On raisonne ici dans le cas le plus général ; car certains sols demandent la détermination séparée de l'acide sulfurique, de l'acide chlorhydrique et du manganèse ; mais ces circonstances sont rares, et il est plus rare encore que ces dosages influent d'une manière sensible sur le total des matières organiques. Il faut en excepter les terrains salants proprement dits, dont nous avons donné des exemples et dont les alcalis et la magnésie se trouvent à l'état de chlorures, et non à l'état de carbonates. Voici un exemple de la détermination des matières organiques. On a dosé à Roville, dans un sol contenant des pierres dolomitiques, sur **100** parties :

Acide phosphorique.	0.087
Acide carbonique.	9.847
Potasse.	0.975
Soude.	0.119
Chaux.	7.616
Magnésie.	3.510
Sesquioxyde de fer.	9.890
Alumine.	4.130
Eau de combinaison des sesquioxydes..	3.176
Inattaquable calciné.	55.870
Le total dosé est.	95.220
Reste pour les matières organiques.	4.780
Total de l'échantillon.	100.000

Sans doute, cette manière de déterminer les matières organiques est exposée aux critiques de tous les dosages par différence. Si pourtant on veut apprécier les limites d'erreur de chacune des déterminations dans une analyse scrupuleuse, on verra que leur somme, en supposant toutes les erreurs dans le même sens, disparaît devant le total des matières organiques. Du reste, pour apprécier la sûreté d'une méthode, il faut comparer les résultats qu'elle donne dans l'ensemble des terres arables. Si ces résultats sont rationnels et concordants, on accorde à la méthode la confiance qu'elle mérite. Or, les résultats obtenus présentent non-seu-

lement ce double caractère, mais encore confirment l'opinion justement accréditée sur la pauvreté des formations
calcaires en matières organiques, et la richesse relative des
sols silicéo-argileux.

Pour mieux faire sentir cette différence fondamentale
qui joue un rôle si important dans l'Agrologie, on présente
ici un tableau à deux entrées, l'une à gauche pour les
terrains calcaires, l'autre à droite pour les terrains siliceux.
Les deux colonnes de dosage se trouvent ainsi contiguës, et
ce rapprochement facilite la comparaison. Les résultats
consignés se rapportent toujours à 100 parties.

SOLS CALCAIRES.	Matières organiques.		SOLS SILICEUX.
La Charnéa (Haute-Savoie).	1.336	3.830	Saint-Contest (Calvados).
Château d'Avignon (Camargue).	1.488	3.823	Laboryte (Haute-Loire).
Barbantane (Durance).	1.746	2.610	Bordelet (Ardèche).
Argile d'Aigues (Vaucluse).	2.092	3.140	Bolbène de Chélan (Gers).
Castro-Giovanni (Sicile).	2.310	3.153	Saint-Gilles (Gard). M. Baumes.
Althen-les-Paluds (Vaucluse)	1.610	3.312	Launac (Hérault). La Vinasse.
Diot de Bellevue (Genève).	1.351	2.520	Argile réfractaire du Mourre-Rouge.
Sable de la Hart (Haut-Rhin).	1.080	2.245	Annonay. Sable granitique.
Château de Tresques (Gard).	0.810	5.162	Corse (Ajaccio). Pépinières départementales.
Pomerol (Tarascon).	0.982	4.716	Roville de la vallée.
Rougetty (Tarascon).	1.510	3.282	Vauvert (Gard). M. Brunel.
Totaux.	16.315	37.802	Totaux.
Moyenne des onze sols calcaires.	1.483	3.436	Moyenne des onze sols siliceux.

Il résulte de ce tableau que la teneur des terres calcaires
en matières organiques est moins de moitié de ce qu'elle est
dans les terrains siliceux. Il en résulte également que le
dosage des terres arables en matières organiques est beaucoup

moins considérable qu'on ne le suppose généralement; et cela tient, ainsi qu'on l'a démontré, à ce qu'on emploie d'ordinaire la méthode de la calcination, sans tenir compte des pertes qu'elle occasionne dans les sels minéraux et qu'on attribue à tort aux matières organiques, et surtout de la plus considérable de toutes, l'eau de combinaison des sesqui-oxydes de fer et d'aluminium.

Il faut des soins particuliers pour faire des appréciations de quelque valeur. En effet, l'examen doit porter sur des terres qui, par les remaniements naturels ou par les cultures, sont arrivées à l'état d'équilibre; et encore, dans les terres cultivées, il faut tenir compte des cultures spéciales qui entraînent soit des accumulations naturelles de débris organiques, soit des apports considérables et récents d'engrais, soit, en sens contraire, de grandes consommations non équilibrées par des restitutions non équivalentes. C'est ainsi que l'usage des engrais concentrés, tels que le Guano et les tourteaux pulvérisés des graines oléagineuses, combiné avec les récoltes en racines, ou avec celles des grandes graminées telles que le Maïs ou les Sorghos, amène rapidement l'épuisement des matières organiques, ce que les agriculteurs appellent le desséchement de la terre. Le rétablissement de cet équilibre détruit est une des plus graves affaires que puisse rencontrer le praticien. Par contre, les fonds de marais récemment défrichés, le sol des forêts, les terres hermes, couvertes d'une végétation herbacée et arbustive, soustraites au parcours par des circonstances particulières, certaines formations boueuses des volcans modernes, présentent un dosage quelquefois énorme. Nous en citerons quelques exemples :

Garigue du Plan-de-Dieu (Vaucluse). 5.197
Changy-les-Bois (Loiret). Marais, partie sablonneuse. 4.231
Changy-les-Bois (Loiret). Marais, partie argileuse . . 18.441
Grenouillet (Grange). Prairie. 8.721
Étang d'Aglan (Orange). Jardins. 8.125
Pont-du-Château (Limagne d'Auvergne). 8.604
Launac (Hérault). Terrain herme, garigues. 11.524
Marne de Roville (Meurthe). 7.861
Paluds de Pæstum (Italie). 13.159
Marne de Fauxbourgette (Bouches-du-Rhône). 7.848
Syracuse. Paëse-Nuovo. Vignes (Sicile). 11.086
Nicolosi. Vigne Gemellara (Sicile). 21.448

Comme il était facile de le prévoir, les terres d'alluvion, malgré leur réputation méritée de fertilité, sont aussi pauvres en éléments organiques qu'en éléments minéraux solubles. Sous l'action incessante des lavages, elles sont réduites à un minimum. Leur fertilité tient, non pas à la richesse propre du sol, mais à l'entretien de ce minimum par les visites intermittentes du fleuve. Il peut être curieux d'en donner quelques exemples, bien que ces exemples soient limités à la vallée du Rhône :

	TOTAL des matières organiques.	
Alluvion récente du Rhône. Sauveterre (Gard). .	1.090	sur 100 parties.
Alluvion de l'Ardèche. Saint-Just-d'Ardèche.	1.520	—
Limon récent de la Durance.	0.038	—
Nouvelle alluvion de l'Ardèche.	2.610	—

Les alluvions calcaires restent encore dans ces exemples plus pauvres que les alluvions siliceuses de l'Ardèche, et le limon de la Durance, en particulier, ne présente que des traces de matières organiques. Aussi, pour le rendre propre à la culture, est-on obligé de l'abandonner, pendant un temps très-long, à la végétation spontanée dont les débris, par leur accumulation, finissent par donner aux plantes cultivées le fonds nécessaire à leur alimentation. Les engrais seuls seraient insuffisants, pendant plusieurs années, à suppléer à l'absence d'un élément qui doit être réparti dans toute la couche arable, et fixé par les hydrates de silice, d'alumine et d'oxyde de fer.

Bien que les matières organiques contenues dans les terres arables soient un élément très-essentiel de leur fertilité, on voit, par les exemples mêmes que nous avons rapportés, qu'il en est exactement des aliments organiques comme des aliments inorganiques. Sans doute il est un minimum au-dessous duquel le déficit se fait sentir cruellement aux praticiens, et nous pouvons fixer ce minimum dans les environs de 1 pour 100 du poids de la terre arable ; mais au-dessus de ce minimum, si l'abondance des matières organiques assimilables est favorable au développement de la végétation herbacée, il ne paraît pas que les récoltes proprement dites en graines et céréales aient rien à gagner à cet excédant. La surabondance est même positivement nuisible quand les principes alcalins ne sont pas en quantité proportionnelle ; on a alors affaire à ce que les agriculteurs ont nommé des *terreaux acides*, et c'est ce danger souvent expérimenté qui de temps immémorial a amené la pratique des écobuages dans les défrichements. Sans doute les écobuages influent aussi sur l'état chimique des matières minérales, mais leur principal effet est, si l'on peut parler ainsi, l'alcalinisation du sol par l'incinération des matières végétales acides réduites, par cette opération, à leurs bases terreuses et alcalines. Cette pratique, qui est encore quelquefois indiquée, perd de sa généralité par l'emploi des engrais complémentaires alcalins qui rétablissent l'équilibre sans recourir à la destruction d'éléments qui, en temps opportun, peuvent entrer dans la végétation.

Toutefois, dans l'appréciation de la richesse d'un sol, il ne suffit pas évidemment de doser la masse des matières organiques ; il faut encore constater leur état. Le criterium le plus certain dans cette appréciation est la connaissance du rapport entre le dosage de l'azote combiné et celui des matières organiques totales ; si ce rapport est inférieur à 4 pour

100, on est certainement en présence d'un terreau acide ou insoluble, et l'addition d'engrais complémentaires alcalins est positivement indiquée.

Les procédés pour le dosage de l'azote sont exposés avec une grande clarté dans le second volume du *Cours élémentaire* de Regnault, aux pages 444 et suivantes, paragraphes 1217 et 1218. Cependant, comme ces procédés doivent subir des modifications quand on les applique à des terres, au lieu de traiter directement des matières organiques, on juge utile aux chimistes de décrire spécialement le dosage de l'azote engagé à l'état d'alcaloïde, par le procédé dû à M. Peligot, en suivant l'ordre et les expressions mêmes de la description de M. Regnault, toutes les fois que la spécialité de l'analyse n'exige pas de changement.

Quand il s'agit d'une terre arable, il importe de traiter un échantillon aussi considérable que peut le comporter la dimension des grands tubes à combustion. On est ainsi conduit à prendre un échantillon de 8 grammes, qui doit être desséché à la température ordinaire, sous cloche, en présence de l'acide sulfurique concentré, et après avoir été réduit en poudre très-fine. On mêle intimement cet échantillon avec 32 grammes de chaux sodée, obtenue en éteignant 2 parties de chaux vive dans une dissolution d'une partie de soude caustique, desséchant la matière, la broyant et la calcinant dans un creuset de terre. La matière calcinée, broyée de nouveau, est conservée dans un flacon bouché à l'émeri. Le mélange des 8 grammes de terre et des 32 grammes de chaux sodée est opéré aussi parfaitement et aussi rapidement que possible. On place d'abord 10 gr. de chaux sodée au fond du tube à combustion, puis les 40 grammes du mélange; enfin, par-dessus, 10 grammes de chaux sodée, et, pour maintenir le tout, un tampon d'amiante; enfin on réserve un intervalle de 8 centimètres entre le tampon d'amiante et le bouchon qui réunit au tube de combustion l'appareil à boules de Liebig. On a placé dans l'appareil à boules 10 centimètres cubes d'une

solution titrée d'acide sulfurique qu'on obtient en mêlant
61^g.250 d'acide sulfurique monohydraté avec un litre d'eau.
10 centimètres cubes de cette liqueur saturent 0^g.212 d'ammoniaque, qui correspondent à 0^g.175 d'azote.

Le tube à combustion, avant d'être réuni à l'appareil à
boules, a été placé sur un fourneau long, qui laisse sortir le
tube exactement de la quantité laissée libre par son chargement, et le bouchon est préservé de l'action du feu par un
écran qui l'isole du fourneau. On enveloppe alors de charbons allumés la partie antérieure du tube, garnie d'une colonne de chaux sodée pure, et, quand elle est échauffée,
on amène peu à peu le feu jusqu'à l'autre extrémité, par
l'addition de nouveaux charbons. On se guide, pour la conduite du feu, sur le dégagement du gaz à travers l'appareil
à boules, dégagement qui ne doit jamais être tumultueux,
ni même assez rapide pour qu'on ne puisse pas compter
les bulles. Quand le dégagement a cessé, on casse la pointe
du tube à combustion; on aspire doucement par le bout
libre de l'appareil à boules, afin de faire passer par l'appareil tout le gaz contenu dans le tube à combustion, et on
dégage l'appareil à boules.

Dans cette opération, tout l'azote engagé à l'état d'alcaloïde a été converti en ammoniaque par l'action de la chaux
sodée, et l'ammoniaque produite s'est combinée avec l'acide
sulfurique contenu dans l'appareil à boules, et a affaibli son
titre d'une quantité correspondante. Il ne s'agit donc plus
que de titrer de nouveau la liqueur contenue dans l'appareil.
La différence donnera la quantité d'ammoniaque absorbée
et, par un calcul d'équivalents, l'azote. L'évaluation du titre
de la liqueur acide se fait au moyen d'une dissolution de
chaux caustique dans l'eau sucrée. On détermine, par une
épreuve, le nombre de centimètres cubes de la dissolution
sucrée nécessaire pour saturer exactement 10 centimètres
cubes de la solution acide normale. Il est facile de faire cette
détermination en mettant dans un verre à pied les 10 centimètres de la liqueur acide normale, avec un peu de teinture

de tournesol, ce qui donne une teinte rose ; on verse alors, avec une burette graduée, le saccharate de chaux jusqu'à ce que la teinte passe au bleu. Après un premier essai, on recommence l'expérience en ne procédant que goutte à goutte, dès qu'on approche de la neutralisation. Une fois la liqueur de saccharate de chaux dosée, on l'étend d'eau distillée, de manière à ce que 100 centimètres cubes de la liqueur sucrée neutralisent exactement les 10 centimètres cubes de la liqueur acide. La liqueur titrée alcaline ainsi préparée, on verse dans un verre-éprouvette le contenu du tube de Liebig qui a reçu les produits du tube à combustion : on y ajoute un peu de teinture de tournesol et on verse la liqueur alcaline avec précaution, en agitant avec soin jusqu'à ce que la teinte bleue du tournesol apparaisse. Si alors, par exemple, on a employé 73 divisions de la liqueur alcaline, l'ammoniaque produite a saturé 0.27 de l'acide sulfurique de l'appareil à boules, et, comme cet acide pouvait neutraliser l'ammoniaque correspondante à 0.175 d'azote, l'azote contenu dans la terre à l'état d'alcaloïde était exprimé par $0^g.175 \times 0.27 = 0.047$.

En déterminant, par ce procédé, l'azote contenu dans un terrain de défrichement de la garigue du Plan-de-Dieu (Vaucluse), et appartenant à M. Meynard , nous avons trouvé, pour $0^g.520$ de matières organiques, $0^g.016$ d'azote, c'est-à-dire moins de 4 pour 100 de la masse des matières organiques, exactement 0.0325. Un pareil terrain ne peut devenir fertile qu'avec l'addition d'engrais complémentaires alcalins.

On arrête ici l'analyse des sols arables. Sans doute on peut rechercher dans les terrains l'acide sulfurique, l'acide chlorhydrique et le manganèse. On renvoie aux traités généraux de chimie pour cette recherche qui n'intéresse que très-secondairement la description des terres arables. Du reste, il est facile, avec des lavages soignés et répétés, et en rapprochant les liquides de lavage, de doser l'acide sulfurique par l'eau de baryte, après acidification de la liqueur par l'acide azotique dilué, pour éviter la précipitation de l'acide phosphorique. Le poids du sulfate de baryte obtenu permet d'apprécier l'importance des sulfates solubles. Le sulfate de chaux est suffisamment soluble dans l'eau distillée pour que sa présence soit ainsi constatée. Quant à l'acide chlorhydrique, on le dose très-exactement, au moyen d'une liqueur titrée d'azotate d'argent, après la séparation de l'acide sulfurique.

On permettra à l'auteur de terminer cet examen analytique par un encouragement et un conseil. Il ne faut pas se laisser rebuter par les débuts d'une étude de cette nature. Nous avons fait ce que nous avons pu pour éviter les tâtonnements à ceux qui voudraient l'entreprendre, et nous espérons bien leur avoir économisé ainsi dix années sur notre propre pratique. Cependant, quelque soin que nous ayons pris à ne rien omettre d'essentiel, il faut encore se résoudre à quelques écoles dans l'exécution. Mais les chimistes qui se décideront à continuer notre œuvre sur une échelle vaste et raisonnée seront amplement payés de leurs peines. La concordance des résultats, leur conformité avec les expérimentations de la pratique, les services immenses rendus tous les jours aux agriculteurs par les renseignements les plus positifs sur la nature et la richesse de leurs terres, et sur les engrais et les amendements qui leur sont les plus nécessaires; les ressources mêmes que les chimistes pourront tirer de leur travail, pour l'entretenir et le développer; enfin, et par-dessus toutes les satisfactions d'intérêt et d'amour-propre, la conscience d'avoir servi son pays et l'humanité, seront une récompense bien digne de leurs efforts.

QUATRIÈME PARTIE.

Comparaison des terres arables.

A mesure qu'on complète l'étude physique et chimique d'un sol dans le laboratoire, on l'inscrit, avec un numéro d'ordre, sur un tableau général semblable au suivant, qui est extrait du journal de laboratoire de l'auteur. Si quelques résultats sont restés incomplets par suite de circonstances imprévues ou par la nature même de l'échantillon (qui ne comporte pas l'analyse physique, par exemple si c'est une roche), on remplace le chiffre absent par un guillemet (»); car il faut avoir grand soin, quand une substance manque dans une terre, de porter le dosage zéro en chiffres, pour éviter les confusions.

Nota. — Dans le tableau suivant, les dosages d'acide phosphorique suivis d'un point d'interrogation (?) sont faits au bismuth.

NUMÉROS D'ORDRE.	DÉSIGNATION DES TERRES SOUMISES A L'ANALYSE.	ANALYSE PHYSIQUE.		
		Pierres.	Sable.	Argile.
1	Nicolosi, route de Catane à l'Etna. Vigne Gemellara..	3.40	53.30	43.30
2	Pont-du-Château, Limagne d'Auvergne. Terrain basaltique.	10.00	69.70	14.30
3	Vigne de Lacryma-Christi. Descente de Renna (Vésuve).	34.00	59.00	7.00
4	Præstum (Possidonia), Italie. Terre à Garance.	»	»	»
5	Aréna (Corse).	19.40	59.20	21.40
6	Étang. Orange. Jardins potagers. Marais desséchés.	»	»	»
7	Voreppe (Isère). Terre de M. Durand.	0.04	75.00	24.96
8	Roville (Meurthe). Bas de la côte amélioré.	0.20	52.10	47.70
9	Saint-Contest, près Caen (Calvados).	1.10	65.55	33.35
10	Roville (Meurthe). Vallée.	48.50	43.40	8.10
11	Ajaccio (Corse). Pépinières départementales.	22.50	62.00	15.50
12	Syracuse (Sicile). Vignes. Paëse-Nuovo.	0.00	62.75	37.25
13	Roville (Meurthe). Vallée près de la côte, améliorée.	3.10	87.20	9.70
14	Roville. Terrain dolomitique.	9.70	24.20	66.10
15	Launac (Hérault). Vigne de M. Henri Marès.	36.70	55.70	7.60
16	Roville (Meurthe). Terre de la côte. Mathieu de Dombasle.	19.50	43.60	36.90
17	Althen-les-Paluds (Vaucluse). Terrain lacustre.	0.80	47.16	52.04
18	Sable de la Hart (Alsace).	0.000	91.40	8.60
19	Terre de Laboryte. Paulhaguet (Haute-Loire). Gneiss. Comte de Morteuil.	25.80	59.50	14.70
20	Vignes de Chigny, à M. Forel. Morges, Vaud (Suisse).	19.00	47.00	34.00

ANALYSE CHIMIQUE DE SABLE ET ARGILE.

PARTIE ATTAQUABLE PAR L'EAU RÉGALE.

N°	Acide phosphorique.	Potasse.	Soude.	Chaux.	Magnésie.	Sesquioxyde de fer.	Alumine.	Eau combinée.	Acide carbonique.	Matières organiques.	PARTIE inattaquable par l'eau régale, calcinée.
1	0.620	0.574	0.142	5.762	0.633	8.370	5.110	3.253	4.528	21.448	49.560
2	0.416	0.280	»	3.853	0.762	12.290	3.040	3.214	3.027	5.390	66.890
3	0.358	3.470	0.625	2.106	0.779	7.620	9.190	»	»	»	73.370
4	0.316	»	»	22.005	1.414	8.380	3.900	2.831	18.915	9.183	34.560
5	0.210	0.294	0.123	0.640	0.709	10.280	2.680	2.738	1.185	8.272	72.760
6	0.165	0.070	»	28.655	0.481	2.570	1.110	0.850	22.515	8.125	34.930
7	0.134	0.028	»	12.625	0.887	5.090	1.570	1.592	12.093	3.313	63.250
8	0.134	0.340	0.114	3.397	2.175	5.020	2.130	1.903	5.028	11.115	67.840
9	0.120	0.135	»	0.798	0.276	0.625	1.226	0.875	0.931	3.839	89.175
10	0.102	0.081	0.105	0.127	0.526	1.810	0.750	0.579	0.099	4.716	91.060
11	0.095	0.186	0.132	0.288	0.609	4.500	2.500	1.162	0.896	5.162	83.970
12	0.094	0.290	»	1.030	traces	11.450	6.440	4.300	0.810	11.086	64.500
13	0.087	0.067	0.114	0.096	0.380	1.830	0.233	0.402	0.075	2.226	94.430
14	0.087	0.975	0.119	7.616	3.510	9.890	4.130	3.176	9.847	4.850	55.870
15	0.063	0.053	»	0.825	0.158	3.095	1.862	1.400	0.824	3.755	87.500
16	0.057	0.170	0.137	0.059	0.526	4.760	2.360	1.649	0.624	5.424	84.170
17	0.054	0.062	»	49.460	0.505	1.370	0.521	0.428	39.745	1.182	6.660
18	0.053	0.134	»	14.526	0.638	2.560	0.783	»	12.116	1.080	68.110
19	0.051	0.263	»	0.085	0.850	5.970	3.200	2.165	1.001	2.345	84.070
20	0.093	0.246	»	2.652	1.247	4.540	3.482	2.013	3.456	2.151	80.126

ANALYSE CHIMIQUE DE SABLE ET ARGILE.

NUMÉROS D'ORDRE.	DÉSIGNATION DES TERRES SOUMISES A L'ANALYSE.	ANALYSE PHYSIQUE.			PARTIE ATTAQUABLE PAR L'EAU RÉGALE.										PARTIE inattaquable par l'eau régale, calcinée.
		Pierres.	Sable.	Argile.	Acide phosphorique.	Potasse.	Soude.	Chaux.	Magnésie.	Sesquioxyde de fer.	Alumine.	Eau combinée.	Acide carbonique.	Matières organiques.	
21	Vignes de Chusclan (Gard). Terrain subapennin.	19.05	56.70	24.25	0.047	0.153	»	17.164	0.100	2.380	2.790	1.393	13.596	2.497	59.880
22	Vignes de Coucourdon (Orange). Argile tertiaire.	0.000	53.75	46.25	0.045	0.194	»	20.698	0.137	4.840	2.600	1.757	16.413	4.990	48.270
23	Bois de Châtaigniers. Touctet, Montreux (Suisse).	5.30	49.70	46.00	0.041	0.036	»	0.157	0.280	5.350	2.940	1.965	0.450	6.071	82.660
24	Amonay. Gondras nord. Terre granitique.	»	»	»	0.037	0.250	»	0.000	0.214	3.670	2.468	1.520	0.236	2.245	89.360
25	Bordolet (Ardèche), Saint-Just. Alluvion de l'Ardèche.	0.000	84.40	15.60	0.032	0.190	»	9.862	0.871	5.870	3.258	»	8.707	»	68.600
26	Laboryte. Paulhaguet (Haute-Loire). Roche de gneiss.	»	»	»	0.044	0.693	»	0.161	1.341	8.010	4.420	2.946	1.601	0.710	80.000
27	Terrain salant. Camargue (Bouches-du-Rhône).	0.000	44.60	55.40	0.032	0.405	1.440	17.500	0.590	3.915	1.968	1.355	»	»	55.175
28	Vélage (Vaucluse). Diluvium tertiaire.	15.00	60.35	24.65	0.112?	0.347	»	1.813	0.443	5.750	5.088	2.605	1.903	5.197	76.722
29	Sérignan (Vaucluse). Argile tertiaire.	»	7.65	82.35	0.048	0.232	»	31.475	0.207	5.885	2.017	»	24.958	»	35.560
30	Diot de Bellevue (Genève). Argile glaciaire.	»	»	»	0.058	0.254	»	15.940	0.181	10.840	1.652	3.285	12.704	1.351	53.715
31	Changy-les-Bois (Loiret). Marne.	»	»	»	0.095?	0.121	»	33.086	0.238	3.676	1.385	1.109	26.249	18.441	15.590
32	Mourre-Rouge (Orange). Argile plastique de grès vert.	0.000	44.33	55.67	0.025?	0.029	»	0.185	0.155	0.610	0.435	0.260	0.315	2.520	95.465
33	Bolbène. Vigne de Chôlan (Gers).	0.000	47.85	52.15	0.028?	0.024	»	0.000	0.133	1.575	1.227	0.700	0.148	3.365	92.800
34	Chézy, près Issoire (Puy-de-Dôme). Comte de Matharel.	54.50	34.90	10.60	0.052	0.621	»	traces	0.263	6.820	2.745	2.120	0.293	3.286	83.800
35	Le même. Sous-sol de gneiss.	»	»	»	»	0.612	»	0.019	0.406	7.280	2.450	0.575	»	0.575	86.520
36	Terre de l'île de Codolet (Gard). Alluvion du Rhône.	0.000	58.85	41.15	0.040?	0.063	»	12.264	0.447	4.530	1.070	1.167	9.419	5.601	65.390
37	Terre à Blé, limite ouest de Rougetty. Pomerol, Tarascon-sur-Rhône.	0.000	55.38	44.62	0.061?	0.056	»	19.006	0.457	2.850	traces	0.499	15.907	4.914	55.650
38	La Charnéa (Haute-Savoie). M. Henri de Saussure. Argile glaciaire.	0.000	1.57	98.425	0.145?	0.288	»	21.420	0.635	4.900	3.220	1.904	17.531	1.336	48.561
39	Prés de Grenouillet, Orange (Vaucluse).	3.10	72.00	24.90	0.040?	0.129	»	24.626	0.164	3.825	1.610	1.230	19.530	8.721	40.125

NUMÉROS D'ORDRE.	DÉSIGNATION DES TERRES SOUMISES A L'ANALYSE.	ANALYSE PHYSIQUE.			ANALYSE CHIMIQUE DE SABLE ET ARGILE.										PARTIE inattaquable par l'eau régale, calcinée.
					PARTIE ATTAQUABLE PAR L'EAU RÉGALE.										
		Pierres.	Sable.	Argile.	Acide phosphorique.	Potasse.	Soude.	Carbonate de chaux.	Carbonate de magnésie.	Sesquioxyde de fer.	Alumine.	Eau combinée.	Acide carbonique compté avec les carbonates.	Matières organiques.	
40	Olivette au couchant de l'allée des Pins. Pomerol (Tarascon-sur-Rhône). Diluvium récent.	35.65	57.51	6.84	0.039 ?	0.031	»	37.485	0.105	2.515	0.220	0.517	»	1.248	57.840
41	Olivette du levant de Pomerol. Bonne partie.	18.00	67.00	15.00	0.067 ?	0.041	»	29.610	0.930	2.010	0.670	0.375	»	2.517	63.780
42	Olivette du levant du parc. Bonne partie.	16.50	68.55	14.95	0.077 ?	0.034	»	61.590	0.270	2.150	traces	0.387	»	0.982	34.510
43	Olivette au couchant du parc. Mauvaise partie.	26.80	55.80	17.40	0.012 ?	0.017	»	64.230	0.150	1.717	0.120	0.341	»	1.480	31.940
44	Olivette au couchant du Parc. Bonne partie.	21.50	62.15	16.35	0.057 ?	0.031	»	61.520	0.640	2.030	traces	0.355	»	3.737	31.630
45	Olivette de la Grande-Merluche, amont. Tarascon.	25.60	58.60	15.80	0.017 ?	0.025	»	35.300	0.213	3.110	0.035	0.556	»	1.674	59.070
46	Olivette de la Petite-Merluche, aval.	26.50	56.30	17.20	0.072 ?	0.036	»	30.510	0.170	2.250	traces	0.304	»	3.858	62.710
47	Olivette de Rougetty.	25.00	61.30	13.70	0.046 ?	0.007	»	30.200	0.160	2.950	0.450	0.556	»	2.671	62.870
48	Olivette du Petit-Mont-Blanc, Tarascon-sur-Rhône. Bonne partie.	49.40	41.30	9.30	0.091 ?	0.022	»	17.130	0.460	2.100	0.630	0.587	»	3.980	75.000
49	Olivette du Petit-Mont-Blanc. Partie sans profondeur.	27.20	61.55	11.25	0.097 ?	0.039	»	22.610	0.790	2.020	1.110	0.742	»	1.822	70.770
50	Olivette à l'est du village. Maussana (Bouch.-du-Rhône).	36.50	47.15	16.35	0.021 ?	0.047	»	28.700	0.180	3.680	0.390	0.785	»	5.297	60.900
51	Vigne de M. Fabre de Monteberon, n° 1 (Montpellier).	34.00	42.25	23.75	0.025	0.168	0.026	12.080	0.677	4.370	2.448	1.625	»	3.404	74.410
52	— n° 2.	2.80	57.75	39.45	0.025	0.220	0.016	12.960	0.800	4.020	4.035	2.101	»	3.443	72.300
53	— n° 3.	8.90	62.30	28.80	0.025	0.158	0.064	11.190	0.300	4.830	2.750	1.808	»	3.175	75.670
54	— n° 4.	1.30	74.70	24.00	0.025	0.158	0.026	2.535	0.467	3.070	1.945	1.225	»	3.329	87.160
55	Vigne de Launac (Hérault). M. Henri Marès. La Vinasse	11.20	74.80	14.00	0.068	0.200	»	2.240	0.030	3.340	2.732	1.548	»	3.312	85.730
56	— — Garigue.	35.20	53.60	11.20	0.063	0.215	»	0.854	0.849	5.540	4.710	2.018	»	11.524	73.600
57	— Terre de Bon-Champ.	3.44	81.54	15.02	»	0.095	»	0.340	0.430	2.790	1.790	1.100	»	3.810	80.540
58	— Aramon du Jardin.	14.40	67.90	17.70	»	0.201	»	1.506	0.664	3.500	2.720	1.547	»	4.212	85.650
59	Vigne de Lunel (Hérault). Grand produit, 250 hectol.	7.00	63.60	29.40	»	0.167	»	28.750	0.501	5.035	2.806	1.837	»	4.480	56.320
60	— — Bon produit, 150 —	8.85	67.40	23.75	»	0.134	»	1.322	0.557	4.205	3.440	1.940	»	5.742	82.560
61	Vieille Vigne de Rougetty. Pomerol (Tarasc.-sur-Rhône).	0.000	65.94	34.00	0.058 ?	0.062	»	32.416	1.180	2.980	1.230	0.951	»	5.369	55.460
62	Jeune Vigne de Rourgetty. Pomerol.	»	»	»	0.046 ?	0.078	»	30.700	0.170	6.310	1.080	1.502	»	8.474	51.640
63	Vigne de Fauxbourgette. Pomerol.	0.000	28.30	71.70	0.042 ?	0.107	»	37.110	0.480	4.780	1.400	1.200	»	7.841	47.040

Ce tableau formé, il faut en tirer une description ferme et précise du sol représenté par un numéro quelconque, description qui soit aussi frappante pour l'agriculteur que pour l'agronome, et qui ne permette de le confondre avec aucun autre. C'est sur des exemples qu'il faut établir la méthode.

N° 1. Cette terre, boue volcanique, de Nicolosi en Sicile, sur la route de Catane à l'Etna, appartenant au savant M. Gemellara de Catane, est l'exemple le plus remarquable d'une richesse excessive en éléments solubles minéraux et organiques. Elle ne contient que 3.40 pour 100 d'éléments pierreux ; donc, sous ce rapport, sa richesse est très-près du maximum ; en effet, le maximum étant 100, elle est cotée 96.60. La proportion impalpable est exprimée par $\frac{4,330}{96.60}$ = 44.82. Elle constituerait donc un terrain compacte, et, comme la chaux n'entre que pour 5.762 dans sa composition, on aurait affaire à un terrain continu et mobile, qui serait, dans les sécheresses, d'une ténacité excessive, si les matières organiques n'entraient pas pour la proportion énorme de 21.448 dans la partie impalpable. Il ne reste donc que 23.37 pour 100 d'impalpable minéral, et nous avons affaire à une terre franche argilo-siliceuse humifère. Mais si, par suite de la culture, si aujourd'hui même cette terre recueillie en 1840 a perdu, dans ces trente-deux années, la plus grande partie de son humus, elle est devenue une terre franche ordinaire, plus tenace cependant que l'analyse physique seule ne l'indiquerait, parce qu'elle contient plus de 5 pour 100 d'hydrate d'alumine, proportion fort supérieure à la moyenne. On remarquera le dosage en acide phosphorique supérieur à 6 millièmes, tandis que le dosage ordinaire d'un terrain bien doté est de 1 millième au plus ; le dosage en potasse attaquable qui est de 5 millièmes 3/4, tandis qu'un dosage de 1 millième et demi est ordinairement très-satisfaisant. Cette terre peut donc supporter sans engrais et sans amendement, grâce à sa riche provision de matières organiques, des cultures très-épuisantes ; et, si l'on ajoute que la chaux est dans la plus heureuse proportion, et que l'abondance des hydrates de fer et d'alumine empêche la déperdition trop rapide des principes alcalins et organiques, on aura, dans le laboratoire même, l'idée d'une richesse foncière très-considérable.

N° 2. Ce terrain appartient à une formation volcanique ancienne, caractérisée par les basaltes ; il fait partie de la Limagne d'Auvergne, célèbre par sa fertilité. La proportion pierreuse est de 16 pour 100. Sa cote relativement au maximum est donc 84. La partie impalpable est relativement à 100 parties (sable et argile) $\frac{1,430}{84} = 17$. Nous avons donc affaire à un sol discontinu ou léger silicéo-ocreux, puisque la proportion de sesquioxyde de fer attaquable (plus de 12 pour 100) est la plus considérable de tout le tableau. Remarquons, en passant, que cette quantité de sesquioxyde de fer, très-favorable à l'entretien de la fertilité, ne nuit en rien aux cultures, contrairement à des opinions basées sur des faits mal observés. La provision d'acide phosphorique attaquable est encore, ici, quadruple d'une bonne moyenne, et celle de potasse attaquable, à peu près double ; enfin le dosage des matières organiques indique un état de prospérité. Il n'est pas nécessaire de voir les cultures pour assigner à ce terrain un rang très-élevé.

N° 3. L'analyse donnée par le tableau présente des lacunes. Le mode de combinaison des bases n'a pas été déterminé, ce qui rend impossible d'apprécier le dosage réel des matières organiques, qui sont, du reste, en quantité minime. Ce sol volcanique est un amas de cendres et de lapilli du Vésuve, formant le terrain le plus discontinu possible, ce qui est un avantage pour la culture des Vignes, mais ce qui serait un obstacle sérieux aux récoltes annuelles. La richesse minérale est énorme. La potasse attaquable y entre pour vingt fois son dosage normal, et la soude pour plus de 6 millièmes, ce qui est tout à fait exceptionnel. L'alumine, comme il arrive souvent dans les terrains grillés, y est très-soluble. Le grillage semble avoir amené la dissociation d'un sel d'alumine. La proportion d'acide phosphorique est encore ici trois fois et demie le dosage ordinaire. Il faut remarquer que ce sont les trois terrains volcaniques qui donnent le plus fort dosage en acide phosphorique. Quelle est la cause de cette richesse ? Il est permis de penser que, dans le laboratoire intérieur des volcans, les acides volatils, tels que l'acide chlorhydrique, sont expulsés à l'état de vapeurs, et que les acides fixes sont conservés. Dans ce triage, qui s'exerce sur des masses salines considérables, il y a concentration de l'acide phosphorique, que nous voyons réparti en petite proportion dans toutes les roches et dans toutes les dissolutions salines ; les produits de cette concentration se retrouvent dans les terrains volcaniques ; et, comme ces terrains sont relativement récents, les dissolvants n'ont pas eu le temps de les appauvrir.

N° 4. L'analyse physique du n° 4 n'a pas été faite ; c'est une terre argilo-calcaire très-forte qui demande trente journées d'homme pour l'arrachage à la bêche d'un hectare de Garances, à la profondeur de 50 centimètres, soit environ 20 centimes pour la fouille d'un mètre cube. Nous la notons en passant, à cause de son dosage en acide phosphorique (plus de 3 millièmes), qui montre la richesse particulière de ces fonds paludéens. Cette richesse est attestée aussi par le fort dosage des matières organiques.

N° 5. Ce sol contient 19.40 pour 100 de pierres. Il est donc coté, sous ce rapport, 80.60, et la partie impalpable sur le lot sable et argile est représentée par $\dfrac{2,140}{80.60} = 26.55$ pour 100. C'est donc une terre franche argilo-siliceuse, ne contenant que 1 pour 100 de carbonate de chaux, et plus riche en magnésie qu'en chaux ; mais le dosage de l'acide phosphorique et celui de la potasse attaquables, doubles du dosage normal, la forte proportion de sesquioxyde de fer et l'abondance des matières organiques (plus de 8 pour 100), suffisent à caractériser ce terrain comme très-fertile, facile à cultiver, offrant un appui convenable aux plantes, et conservant les engrais.

N° 6. L'analyse physique de ce sol manque. C'est un marais desséché, cultivé en jardins et riche encore en principes organiques, quoique fortement calcaire, ce qui tient à sa formation spéciale et à la nature des cultures. Nous le notons en passant à cause de sa richesse relative en acide phosphorique qui ne doit pas être attribuée aux engrais très-parcimonieusement apportés, mais bien à la nature palustre du sol.

N° 7. C'est une terre de Voreppe, appartenant à M. Durand. Elle est sablonneuse, sans pierres. Le dosage de la partie impalpable est de 25 pour 100. C'est donc un terrain discontinu, mais placé, par sa proportion d'argile, dans cette moyenne (de 20 à 30 d'argile) qui caractérise les terres franches, heureuse expression des praticiens, indiquant à la fois l'affranchissement de toutes les servitudes les plus onéreuses à l'agriculture : l'excès d'humidité, l'excès de sécheresse, l'excès de ténacité. C'est une terre franche assez calcaire puisqu'elle contient plus de 12 pour 100 de chaux, c'est-à-dire près de 25 pour 100 de carbonate de chaux ; mais là encore elle reste dans les limites qui empêchent la continuité entre les parties calcaires et échappe ainsi aux inconvénients des sols immobiles qui sont caractérisés par au moins 29 pour 100 de carbonate de chaux. Ce terrain, qui contient un fort dosage d'acide phosphorique (13 dix-millièmes), ne laisserait rien à désirer s'il n'était pauvre en potasse attaquable ; il en contient cinq fois moins que la proportion normale d'un sol fertile. Le propriétaire actuel de ce terrain a donc grand intérêt à pourvoir à ce déficit par ses engrais.

N° 8. Ce sol fait partie d'une série d'échantillons envoyés par Mathieu de Dombasle au comte de Gasparin, et que l'auteur de ce Traité s'est fait un devoir d'analyser tous avec la plus scrupuleuse attention par respect pour des noms chers aux amis de l'agriculture. Ce terrain, situé au bas de la côte, est anglo-siliceux ; la proportion du lot impalpable est de 48 pour 100, et il ne contient que 3.40 pour 100 de carbonate de chaux. C'est donc un sol compacte, tenace et mobile, c'est-à-dire tenace dans les sécheresses et variant de volume sous l'action de l'humidité. Il est richement doté en acide phosphorique (13 dix-millièmes), et en potasse (34 dix-millièmes). Son dosage en magnésie indique l'origine de la chaux qu'il contient. Ces deux terres alcalines sont des débris dolomitiques. La proportion des matières organiques y est très-forte, 11 pour 100. C'est évidemment un terrain qui présente de grandes ressources, si on dirige la culture de manière à l'aérer et à le préserver de l'excès d'humidité. Les cultures profondes et le drainage sont indiqués.

N° 9. Saint-Contest (Calvados). Terre d'une grande profondeur et qui présente un exemple remarquable de l'influence des sesquioxydes sur la ténacité. En effet, par son dosage en parties impalpables (34 pour 100), la terre de Saint-Contest serait naturellement classée parmi les sols compactes, tenaces et mobiles; mais ce sol est siliceux au lieu d'être argilo-siliceux. La partie impalpable ne contient que 2 pour 100 de sesquioxydes de fer et d'aluminium, tandis que les terres fortes ordinaires en contiennent au moins 7 pour 100, comme la terre de Roville, qu'on vient d'examiner, et quelquefois davantage. Il en résulte que le ciment (hydrates d'oxyde de fer et d'alumine) qui réalise la ténacité fait défaut, et que la terre de Saint-Contest reste souple, et, malgré son dosage en parties impalpables, est classée par les praticiens parmi les terres franches. Dans ces conditions, l'état de division des parties est un avantage de plus, et comme la position de S.-Contest, aux portes de Caen, permet des emplois abondants d'engrais, la culture de cette ferme est une des plus riches du Calvados. Il est évident pour l'agronome que le dosage de l'acide phosphorique et de la potasse dans un terrain exploité sur une pareille base est sans intérêt. Sa richesse, qui est à peu près la moyenne désirable, peut aussi bien être une richesse d'entretien qu'une richesse naturelle. Il est facile, pourtant, de juger l'importance de la détermination de tous les éléments pour caractériser un terrain ; car on se serait gravement mépris sur les quantités du sol de Saint-Contest, si on n'avait pas dosé les sesquioxydes et comparé ce dosage à celui des terrains qui ont la même constitution physique quant à la division des parties.

N° 10. C'est encore un sol de Roville, mais dans la vallée, et qui présente l'aspect d'un sable pierreux. En effet, ce terrain contient 48.50 pour 100 de pierres ; il est donc coté, quant à sa valeur sous ce rapport, 51.50, et comme les dosages de l'analyse chimique se rapportent à 100 parties du terrain, distraction faite des pierres, pour se faire une juste idée de sa richesse, il faut multiplier les résultats par le coefficient 0.515. L'acide phosphorique se trouve ainsi réduit à 0.052 et la potasse à 0.042. C'est donc un sol pauvre et dont la nature physique ne permet guère l'amélioration. Un sol pareil, s'il a du fond, doit être abandonné à l'exploitation forestière. Cet exemple fait voir l'absolue nécessité de joindre l'analyse physique à l'analyse chimique. En effet, l'analyse chimique, seule, indiquerait une fertilité assez satisfaisante, si les chiffres des aliments minéraux et organiques n'étaient pas réduits à moitié en raison de la constitution physique.

N° 11. La pépinière départementale d'Ajaccio est encore un sol discontinu, coté 75.50 en raison du lot pierreux, et contenant seulement 20 pour 100 de parties impalpables dans les lots réunis (sable et argile). Il ne contient que 5 millièmes de chaux, et doit être classé parmi les sols siliceux. Il serait très-propre à la culture de la Vigne. Les dosages de son analyse doivent être réduits au coefficient 0.775 en raison de la partie pierreuse. L'acide phosphorique est réduit ainsi à 0.074 et la potasse à 0.144. Ce dosage, qui est celui d'une fertilité moyenne, est encore supérieur à celui de la plupart des sols arables, dont la production ne peut se soutenir qu'au moyen des engrais. Bien que pauvre en matières or-

ganiques et en sesquioxydes, ce terrain se prêterait très-
bien à une riche production.

N° 12. Ce sol est très-remarquable par son extrême ténacité dans les sécheresses. Il a l'apparence, comme le n° 1, d'une
boue volcanique ; mais la composition de ces terres à Vignes
de Syracuse est bien différente de celle des terres à Vignes
de Nicolosi. Le n° 12 ne contient que des traces de magnésie
attaquable, tandis que le n° 1 en contient plus de 6 millièmes ; les matières organiques, encore très-abondantes,
puisque leur proportion est de 11 pour 100, ne sont que
moitié de celles contenues dans la Vigne Gemellara. Le caractère dominant de ce terrain est l'énorme proportion des sesquioxydes, 18 pour 100 du poids de la terre, et l'alumine
seule entre pour 6.44 pour 100 dans ce total. C'est là l'explication naturelle de la ténacité d'un sol qui, par son analyse physique et la faible proportion de la chaux, est compacte, tenace et mobile (argilo-siliceux). Du reste, ce sol du
paëse-nuovo de Syracuse est fertile ; indépendamment de sa
richesse en matières organiques, retenues par les sesquioxydes, il contient 1 pour 100 de chaux, 0.094 d'acide
phosphorique et 0.290 de potasse attaquables. C'est la
moyenne de fertilité pour l'acide phosphorique, et le
double de la moyenne pour la potasse.

N° 15. Ce terrain appartient encore à la vallée de Roville.
Si on le compare au n° 10, examiné plus haut, on n'aperçoit pas, dans l'analyse chimique, de différence essentielle
entre les deux échantillons. Le n° 13 serait même un peu
plus pauvre en acide phosphorique, en potasse et en chaux ;
et, cependant, ce n° 15 supporte la culture. L'analyste, en
se reportant à l'analyse physique, voit tout de suite que la
différence résulte en entier des fragments pierreux, en
sorte que la petite différence de richesse à l'avantage du
n° 10 se change en une grande différence à l'avantage du
n° 13, par l'application des coefficients de la terre, 0.515 pour
le n° 10, 0.969 pour le n° 13. Toutefois, la production ne
peut être entretenue, dans cette portion améliorée de

la vallée, que par des apports réguliers et abondants d'engrais.

N° 14. Ce terrain de Roville est dolomitique, en ce sens qu'il entre dans sa composition environ 21 pour 100 de particules dolomitiques. Son examen présente de l'intérêt parce qu'on a longtemps attribué son infécondité à la présence de la magnésie, d'où, concluant du particulier en général, on a considéré la présence de la magnésie, au delà d'une certaine proportion, comme stérilisant le sol. Il est impossible de trancher dès à présent cette question, faute de données assez nombreuses et assez précises. Cependant, rien dans les études chimiques des terrains et de leurs produits ne permet d'admettre cette opinion qui reste à l'état de préjugé. La magnésie existe dans tous les terrains, plus abondante que la chaux dans la plupart des terres siliceuses; et des sols très-fertiles en contiennent une proportion au-dessus de la moyenne. Enfin, elle entre dans la composition normale des récoltes, notamment des céréales. Quant aux terrains dolomitiques proprement dits, il serait téméraire d'attribuer à la magnésie l'infertilité constatée de certains d'entre eux. En particulier, le terrain n° 14 serait stérile avec ou sans magnésie; la proportion énorme de la partie impalpable 73 pour 100 sur le lot sable et argile, cimentée par 14 pour 100 de sesquioxydes, suffit pour faire sortir ce terrain de la classe des sols arables pour le placer dans les argiles les plus tenaces. Mais ce sol incultivable contient près de 1 pour 100 de potasse attaquable. Il pourrait donc être utilisé avec grand profit pour l'amendement des terres de la vallée, après une pulverisation grossière et en le répandant dans les sécheresses. Cette pauvreté de Roville peut devenir une richesse.

N° 15. Cette terre de Launac, dans l'Hérault, appartenant à M. Marès, est placée là comme un exemple de la véritable terre à Vignes, peu propre à toute autre culture. La proportion des pierres lui donne pour coefficient 0.625, et la proportion impalpable sur le lot sable et argile est de 10 pour

100 seulement, soit $\dfrac{7.060}{0.623}$. On a donc affaire à un sol pierreux et discontinu très-pauvre. En effet, en multipliant les cotes de l'analyse par 0.623, on trouve pour l'acide phosphorique 0.039 pour 100, pour la potasse 0.033 pour 100, pour la chaux 0.514 pour 100, pour les matières organiques 2.34 pour 100. La chaux seule est en quantité suffisante. Evidemment, dans un pareil terrain, la Vigne ne peut être nourrie que par des apports annuels d'engrais au pied de la souche, exactement comme on nourrit un bœuf à l'étable. Mais, à côté de cette nécessité agricole, quelle heureuse constitution physique pour l'aération et la fraîcheur des racines, tandis que, dans un sol compacte, la vie se concentre près de la surface cultivée, et est soumise, par conséquent, à toutes les vicissitudes.

N° 16. C'est une terre de Roville, de la côte, argilo-siliceuse, mais rentrant, par les proportions de ses parties constituantes, dans la classe des terres fortes, pouvant être cultivées avec avantage. La proportion du lot pierreux, 19.50, lui donne la cote 80.50. Elle contient dans le lot sable et argile 46 pour 100 d'argile contre 54 pour 100 de sable. C'est donc un sol continu, très-tenace et mobile sous l'action de l'humidité. Quand la proportion d'argile dépasse 50 pour 100, on sort des terres cultivables. Ce terrain est très-pauvre en chaux et en acide phosphorique. L'emploi des phosphates de chaux y est donc naturellement indiqué.

N° 17. Ce terrain, qui est le type de cette belle plaine du Comtat-Venaissin, où se récolte la qualité de Garances qu'on appelle *paluds*, est en effet un véritable marais desséché, et tout le sol appartient à une formation lacustre. Il a l'apparence de la cendre pendant les sécheresses, et pourtant c'est un sol compacte, puisque le lot impalpable dépasse la moitié du poids de la terre; mais ce lot impalpable est composé presque exclusivement de carbonate de chaux qui entre pour plus de 88 pour 100 dans sa composition, accompagné de 1 pour 100 de carbonate de magnésie. Les matières organiques, très-solubles pour le peu qui reste et très-abondantes à l'origine de la culture, ont été rapidement consommées sous l'action des éléments calcaires, de la culture et des engrais concentrés. Ce sol paraît, aux yeux des agriculteurs du nord de la France, une véritable marne, bonne pour amender les sols siliceux, mais impropre à la culture. Et, cependant, ce sol porte les produits les plus variés, et se loue plus de 300 fr. par hectare, non pas sur un point déterminé, mais sur toute l'étendue du bassin. Pour l'agrologue, au contraire, ce terrain est en quelque sorte une de ces expériences magistrales, comme celles d'Ampère pour la théorie de l'électricité dynamique, qui livrent la clef de la véritable théorie des propriétés générales des sols arables. Il faut ici préciser. D'abord, ce sol est compacte ou continu au plus haut degré, puisque la partie impalpable domine. Bien que continu, il est souple et friable, parce que le ciment des hydrates de sesquioxydes et l'élément siliceux sont en proportion minime. La prédominance de l'élément calcaire rend le terrain immobile, c'est-à-dire invariable de volume sous l'action de l'humidité. Par contre, ce terrain doit évaporer l'eau qu'il contient avec une rapidité excessive, à cause des propriétés du carbonate de chaux. Cette rapidité d'évaporation est surexcitée par la violence des vents du nord, la sécheresse et la chaleur excessive du climat. Enfin, les engrais naturels ou importés doivent être dissipés avec une rapidité égale par l'influence réunie de toutes ces causes. Voilà donc un terrain voué en apparence à une stérilité irrémédiable, et n'offrant d'autre avantage au cultivateur que la facilité avec laquelle les instruments le pénètrent. A ces conditions, joignez une nappe d'eau souterraine, arrêtée au niveau du desséchement et située de 1 à 2 mètres au-dessous de la surface, tout change d'aspect; la capillarité, par son énergie même, entretient une fraîcheur constante dans le sol; les engrais apportés sont rapidement mis à la disposition des plantes, par ce mouvement d'humidité et l'action du calcaire; le praticien apprend bientôt les conditions, toujours les mêmes, de la durée et de l'énergie de leur action ; il attire à lui les engrais commerciaux, et devient le grand consommateur des résidus des huileries de Marseille ; les travaux ne demandent l'emploi que d'une force médiocre ; il peut fonder ses rotations sur les cultures profondes et les produits industriels ; et, dès qu'il a pu joindre à son exploitation le capital de roulement nécessaire (capital de roulement moins considérable qu'on ne pourrait le supposer, parce qu'il est recouvré aussi rapidement qu'il est dépensé), l'avenir est assuré pour lui, et il n'éprouve d'autres émotions que les variations du prix des Garances. Toutefois, les Garances ne peuvent pas revenir constamment sur le même sol : le Blé, l'Avoine, la Luzerne, leur succèdent, et donnent de très-beaux produits. C'est une véritable culture intensive, et on le voit, la culture intensive peut s'accommoder de sols bien différents des terres franches ou des terres fortes de la Flandre, de la Normandie ou de la Beauce ; elle ne demande que l'assiette de la culture, la pénétrabilité du sol et le mouvement de l'humidité. Elle peut, en variant ses pratiques, demander tout le reste à l'industrie humaine. Mais l'agronome ne doit pas oublier que la culture intensive est la grande exception, et cela fatalement. Pour la culture extensive, les qualités propres du sol, sa richesse en aliments des plantes, reprennent toute leur importance. Si donc l'analyse agrologique éclaire les causes essentielles du succès de telle ou telle entreprise agricole, elle s'adresse surtout à cette foule d'agriculteurs qui, en réalité, nourrissent le genre humain avec des efforts constants et répétés, et qui demandent à chaque sol ce qu'il peut donner à l'homme en échange de son travail, et avec les secours extérieurs d'un bien mince capital. Il ne faut donc pas compromettre ce capital, et il faut éviter les doubles emplois. Signaler le double emploi, voilà la mission de l'agrologue.

Le terrain qui nous occupe, sol continu, immobile et friable, est pauvre dans tous ses éléments, sauf la chaux et

la magnésie. Peu d'acide phosphorique, peu de potasse, peu
de matières organiques. Tout doit donc être apporté ; mais
ceux qui l'exploitent ont pu s'apercevoir, après avoir consommé les matières organiques paludiennes, que les engrais concentrés, tels que les tourteaux, ne pouvaient plus
suffire ; l'équilibre entre les matières alcalines, l'acide phosphorique et les composés ternaires, se trouvait rompu par
le défaut de ces derniers, et il a fallu couper largement les
engrais de tourteaux par des engrais pailleux. Les agronomes
avaient signalé d'avance cette perspective aux praticiens.
Il est probable que les praticiens, convaincus aujourd'hui
par leur propre expérience, ont oublié l'avis des agronomes.

N° 18. Le sol sablonneux de la forêt de la Hart, en Al-
sace, est bien connu des ingénieurs par ses propriétés physiques. La forme irrégulière des particules et une proportion
de 25 pour 100 de carbonate de chaux rendent cette terre
éminemment propre à étancher les voies d'eau qui se mani-
festent dans les canaux artificiels, et nous l'avons employé
nous-même avec succès et sur une grande échelle, sous la
direction de M. Corne, pour aveugler les fuites du canal du
Rhône au Rhin dans les branches latérales au Doubs. Il
constitue un sol très-discontinu, puisqu'il ne contient pas
9 pour 100 de parties impalpables. Il retient 0.053 d'acide
phosphorique et 0.134 de potasse. Il est donc, sinon fertile,
au moins égal pour la richesse minérale à la plus grande
partie des sols cultivés. Son dosage en carbonate de chaux
explique sa pauvreté en matières organiques. Sa définition
analogique est : sol discontinu, sable silicéo-calcaire.

N° 19. Ici on a affaire à un terrain primitif formé de débris de gneiss, et d'un défrichement déjà ancien. C'est la
terre de la Garde du domaine de Laboryte appartenant à
M. le comte de Morteuil. Les pierres entrent pour 25.80
pour 100 dans sa composition ; il est donc coté, sous ce
rapport, 74.20. La partie impalpable est relativement

au lot réuni, sable et argile, $\frac{1,470}{74.20} = 20$ pour 100 à
très-peu près. On a donc affaire à un terrain discontinu abordant exactement la limite qui sépare les terres légères des terres franches. Cette terre, dépouillée déjà d'une grande partie de la potasse attaquable contenue dans la roche qui l'a formée, en retient encore 0.263 pour 100, sans compter des réserves considérables qui se trouvent dans la partie inattaquable dans le laboratoire par le procédé d'analyse, mais dont la décomposition graduelle est l'affaire du temps; c'est donc un sol riche en potasse. Il n'est pas non plus dépourvu d'acide phosphorique, puisqu'il en retient 0.051 pour 100 dans le lot sable et argile, soit 0.0378 pour 100 dans l'ensemble de la terre. Ce n'est pas un fort dosage, et sans des engrais abondants on ne pourrait tenter, dans une pareille terre, de bien riches cultures. Cependant n'est-il pas remarquable que toutes les roches de gneiss, comme le micaschiste et le granit, et à un bien plus haut degré les basaltes, retiennent toutes une certaine proportion d'acide phosphorique. La terre de Laboryte nous en donnerait encore dans la couche arable 150 grammes par mètre carré, et 1,500 kilogrammes par hectare. Les roches granitiques nous donnent à très-peu près le même dosage. Les terrains basaltiques donnent plus de 15,000 kilogrammes par hectare, et nous avons vu des boues volcaniques de l'Etna nous en donner 24,000 kilogrammes. Enfin, si des roches ignées nous revenons aux terres argilo-siliceuses, nous trouvons dans le sol vierge de la côte de Roville 1,800 kilogrammes d'acide phosphorique attaquable par hectare, et dans les terres argilo-calcaires, diot de Bellevue à Genève, 2,300 kilogrammes par hectare; enfin dans le sable de la Hart 2,000 kilogrammes environ par hectare. Cette proportion de 2,000 kilogrammes est la plus ordinaire dans les sols arables. Sans s'arrêter aux hypothèses sur l'origine des phosphates naturels, l'agronome peut admirer cette disposition de la providence qui a placé dans toutes les

formations sans exception les éléments nécessaires à la vie organique. Le terrain que nous examinons contient 0.085 de chaux ; la roche de gneiss primitive du n° 26 du tableau en contient 0.161 ; la culture a donc appauvri le sol de moitié, comme elle l'avait appauvri des deux tiers pour la potasse attaquable. Il est néanmoins bien plus urgent de pourvoir au remplacement de la chaux qu'à celui de la potasse dans les amendements du sol ; mais il ne faut pas oublier ce que l'on oublie trop souvent, c'est que l'apport de la chaux augmente la consommation des matières organiques, et qu'une richesse d'un moment peut amener une longue pauvreté.

N° 20. Cette Vigne, située près de Morges, appartient à une moraine de l'époque glaciaire, et les pierres qui entrent pour 19 pour 100 dans la composition du sol semblent une série d'échantillons minéralogiques. L'argile très-tenace qui les enveloppe et qui contient 42 pour 100 de parties impalpables offre un avantage inappréciable pour la culture de la Vigne ; elle retient 5 pour 100 de carbonate de chaux, exactement 2.65 de chaux pure. Quand on vérifie la grande consommation de l'élément calcaire par la Vigne, même dans les sols les plus pauvres en chaux, on comprend la grande production d'une terre argilo-siliceuse riche en potasse et qui offre l'élément calcaire dans une proportion rassurante. De pareils vignobles menés avec de riches engrais atteignent un rendement de 250 hectolitres par hectare et le dépassent quelquefois. Quant au dosage de l'acide phosphorique qui est une bonne moyenne, il ne peut donner lieu à aucune induction dans un sol pourvu de riches fumures. Ce terrain est donc classé : sol continu, tenace et mobile. Il est digne de remarque que la Vigne et toutes les cultures sont bien moins exposées aux sécheresses dans les sols continus, tenaces et mobiles, que dans les sols continus, tenaces et immobiles caractérisés par une proportion de plus de 29 pour 100 de carbonate de chaux ou de 16 pour 100 de chaux pure. Il ne faut pas pourtant se dissimu-

ler que tous les sols compactes présentent des dangers quand
le mode de culture est superficiel, ce qui est l'ordinaire
pour les Vignes du midi de la France ; mais les sols immobiles qui évaporent à la faveur d'une capillarité active sont
bien autrement exposés que les sols mobiles qui retiennent
l'humidité pour des hydrates naturels dont les variations
de volume entravent, tout autant que les affinités chimiques,
le mouvement de l'eau. Le mode de culture de la Vigne
dans le canton de Vaud tend, du reste, à atténuer les dangers qui naissent de la continuité du sol.

N° 21. Ce sol porte également un vignoble et présente
un contraste frappant avec le précédent. La proportion des
pierres est la même, et le coefficient du terrain est 0.81. Le
lot impalpable est donc $\frac{24.25}{0.81}$ dans l'ensemble sable et argile,
c'est-à-dire exactement 30 pour 100 de ces deux lots réunis.
Le terrain de Chuselan est, par suite, exactement à la limite
qui sépare les sols discontinus des sols continus, et, comme
le dosage de la chaux est de 17 pour 100, il est caractérisé
sol continu et immobile. Ce vignoble a souffert de la dernière
maladie et, sauf des circonstances météorologiques favorables,
est très-compromis.

N° 22. Le terrain de Coucourdon (Vaucluse), qui était également en nature de Vignes, a été le théâtre de la perte rapide et totale de son vignoble. Le lot impalpable représente
46 pour 100 ; c'est donc un terrain éminemment compacte ;
la chaux entre dans sa composition pour 21 pour 100 (soit
près de 40 pour 100 de carbonate) ; c'est donc un sol éminemment immobile. On avait affaire à un terrain continu,
tenace et immobile, complanté en Vignes et cultivé à la surface. Il devait subir les premiers désastres, et comme tous
les terrains de même nature, sans exception, dans les trois
départements de Vaucluse, des Bouches-du-Rhône et du
Gard, il a obéi à sa destinée, tandis que, à proximité, des
terrains siliceux discontinus résistaient et résistent encore à
une sécheresse sans exemple par son intensité comme par

sa durée, et qui, depuis 1858 jusqu'au printemps de 1872, a supprimé toutes les eaux souterraines, dans le périmètre qui a été le théâtre du fléau.

N° 23. On a placé ce sol dans le tableau qui sert de texte aux déterminations des sols arables comme un exemple remarquable d'un diluvium siliceux d'une faible épaisseur attaché à une roche calcaire assez uniformément sur de grandes surfaces; sa ténacité explique dans une certaine mesure cette adhésion sur des pentes extrêmement rapides. Toutefois il est difficile de croire que ce diluvium se soit ainsi réparti après le soulèvement des Alpes, et on le jugerait plutôt déposé antérieurement au soulèvement. Laissant cette question aux géologues, nous sommes intéressés comme agronomes parce que la même couche porte le vignoble de Montreux qui jouit d'une certaine célébrité. Le coefficient du terrain est 0.95, puisqu'il contient 5 pour 100 de fragments pierreux; la partie impalpable est donc $\frac{46}{0.95}$ ou 48 pour 100 du lot sable et argile. C'est un sol compacte, tenace et mobile, qui ne retient que 3 millièmes de carbonate de chaux et 5 centièmes de sesquioxyde de fer; pauvre, du reste, en acide phosphorique et en potasse, et qui présente plutôt les caractères d'une argile réfractaire que ceux d'une terre arable. Grâce aux engrais, à une culture intelligente, à des eaux chargées de bicarbonate de chaux au point d'être incrustantes, et à un climat exceptionnellement doux et humide, il fournit de très-belles récoltes de Raisins blancs. On voit que le jugement sur la production d'un terrain se compose de bien des éléments, et que la culture intensive à l'aide des conditions de marché, de population et de climat peut s'exercer utilement sur des formations que la seule analyse jugerait presque sans ressources.

N° 24. Il est noté pour mémoire; l'analyse physique manque. Il contient 0.037 pour 100 d'acide phosphorique; c'est un faible dosage qui ne représente que 1,480 kilog. par hectare, ou 148 grammes par mètre carré de la couche arable. La chaux manque absolument. C'est un sol exclusi-vement composé de sable granitique, et qui demande des phosphates de chaux et des engrais pailleux ; avec ces deux conditions, cette surface, morte en apparence, s'anime et fournit de belles récoltes de Trèfle, de Blé et de Colza. Les eaux alcalines qui traversent ces terrains, aménagées et ré-parties en irrigations d'hiver, entretiennent des prairies d'un bon produit. Malgré l'absence de l'analyse physique, on peut classer ce terrain : sol discontinu, sable siliceux alcalin.

N° 25. Terre d'alluvion, située au confluent du Rhône et de l'Ardèche. C'est un sol discontinu, puisque le lot impal-pable n'est que de 15 pour 100. Il contient près de 10 pour 100 de chaux et de 9 pour 1,000 de magnésie, avec une forte proportion de sesquioxydes hydratés qui rendent ce sol, quoique très-mobile, un peu moins inconsistant qu'il ne le serait à en juger par l'analyse seule. Assez riche en potasse et très-pauvrement doté d'acide phosphorique, il est cependant d'une fertilité extraordinaire, parce que les inondations pé-riodiques de l'Ardèche remplacent les aliments consommés ou perdus. C'est un caractère commun à presque toutes les alluvions fluviales, la fertilité associée à un faible dosage en acide phosphorique. Ces terrains submersibles qu'on appelle terrains d'Ile dans la vallée du Rhône, et ségonnaux près des embouchures, échappent, aux yeux des praticiens comme à ceux des agronomes, aux règles ordinaires de la culture, et on ne peut attribuer cette exception qu'aux apports du fleuve.

Nous ne mentionnerons le n° 26 que pour mémoire, ayant déjà associé son examen à celui du n° 19, dont le n° 26 est le sous-sol.

N° 27. Ce terrain qui fait partie du delta du Rhône, dans la propriété appelée le Château d'Avignon, a pour végéta-tion spontanée des plantes salifères ; il était destiné à la culture du Riz, au moyen de l'eau du Rhône amenée à sa surface. Par son analyse physique, il sort évidemment des terres arables proprement dites, puisqu'il contient 55.40

pour 100 de parties impalpables. La proportion de soude est de 1.440, de potasse de 0.405 et de magnésie de 0.590 sur 100 parties. L'acide chlorhydrique combiné est 2.260. La proportion de chlorure de sodium ou de sel marin est donc 2.295 pour 100. Telle est la salure des terrains à salicornes qu'on considère comme impropres à la culture, si ce n'est par des moyens artificiels de dessalement. L'agronome ne doit donc pas accepter, de confiance, des chiffres fantastiques sur la proportion de sel marin contenue dans certains terrains. Une pareille salière ne peut être entretenue que par une communication constante avec des nappes d'eau salifères. M. Peligot a établi que l'interruption des communications amenait le dessalement rapide des lais et relais de mer. On peut en conclure que sous le delta du Rhône des nappes d'eau salée se rendent à la mer, et cette induction est conforme aux observations géologiques, qui constatent des terrains salés à différents niveaux, entre la Méditerranée et les Alpes. L'agriculteur, en dehors d'une culture d'inondation comme celle du Riz, ne peut utiliser ces terrains qu'à la faveur d'une double condition. La première est une condition naturelle. Il faut que le terrain soit à une certaine hauteur au-dessus du niveau des nappes salifères qui, à ce point, est gouverné par le niveau même de la mer où elles vont aboutir. La seconde est une condition artificielle. Il doit détruire la continuité du sol, afin de ralentir la capillarité. Il y arrive : 1° par les cultures et les amendements pailleux, tels que litières, Roseaux, etc. ; 2° en entravant l'évaporation par des couvertures sur les semences. Grâce à l'emploi de ces moyens, on obtient de très-belles récoltes, et la grenaison est remarquable, bien que le dosage de l'acide phosphorique soit faible, 0.032 pour 100. Mais cet acide est soluble, malgré l'abondance de la chaux, grâce à la présence du sel, et son approvisionnement est renouvelé, exactement comme dans les terrains submersibles d'alluvion, par les apports des sources salifères.

N° 28. Ce terrain est juste à la limite qui sépare les terres franches des terres fortes, ou les sols discontinus des sols continus. Le lot pierreux étant 15, son coefficient est 0.85, et la proportion impalpable est, dans l'ensemble sable et argile, $\dfrac{24.65}{0.85} = 29$ pour 100. C'est pourtant un sol très-tenace, et l'analyste en sera peu surpris en trouvant un dosage de plus de 5 pour 100 d'alumine et de 5.7 pour 100 de sesquioxyde de fer; la proportion de ciment naturel, dans ce terrain, est donc fort au-dessus de la moyenne. Richement doté en potasse, 0.347 pour 100, et très-suffisamment en carbonate de chaux, plus de 3 pour 100, ce terrain semblerait éminemment propre à la culture de la Vigne, et on ne comprendrait pas pourquoi, étant classé parmi les sols mobiles, à cause de la faible proportion de calcaire, il n'a pas échappé au désastre qui a frappé les vignobles des sols immobiles qui l'environnent. L'explication de cette anomalie est toute simple. Ce terrain n'a qu'une profondeur de 30 à 35 centimètres; au-dessous règne un banc de graviers calcaires plats cimentés par l'argile qui forme le sol supérieur. Ce sous-sol imperméable contient exactement 71.5 pour 100 de graviers calcaires plats cimentés par 24 pour 100 d'argile impalpable mêlée à 4,5 pour 100 de sable. C'est cette maçonnerie immobile interposée entre la couche arable et et le fond qui, n'ayant pas été désorganisé par les cultures, a entraîné naturellement, par les sécheresses, le désastre de ce vignoble.

N°ˢ 29, 30, 31. Ces trois numéros sont, à proprement parler, non pas des terres arables, mais des marnes très-atténuées; car le lot impalpable est de 82 pour 100 dans la marne de Sérignan; si le dosage manque pour le diot de Bellevue, un diot semblable, celui de la Charnéa, propriété de M. de Saussure (n° 38), nous donne plus de 98 pour 100 d'impalpable, et la marne de Changy-les-Bois, propriété de M. Mallac, n'est pas moins atténuée. Le carbonate de chaux est dans la proportion de 55 pour 100 dans la marne de

Sérignan, de 60 pour 100 dans la marne de Changy. Son dosage n'est que 28 pour 100 dans le diot de Bellevue. Ces trois marnes, surtout les deux premières, contiennent une proportion considérable de potasse, et l'on peut remarquer que ce dosage est lié aux propriétés conservatrices des sesquioxydes. En effet, le dosage maximum 0.254 appartient au diot de Bellevue, qui soutient l'énorme proportion de 12.49 pour 100 de sesquioxydes. Ensuite vient l'argile marneuse de Sérignan ; potasse 0.232 pour 7.90 de sesquioxydes ; enfin Changy-les-Bois, qui ne présente plus que 0.121 de potasse pour 5.06 de sesquioxydes.

Nos 32 et 33. Cette remarque sur les propriétés conservatrices des sesquioxydes devient bien plus frappante si on examine deux argiles très-différentes, contenant plus de 50 pour 100 de parties impalpables, dépourvues de l'élément calcaire et excessivement pauvres en potasse, puisqu'elles n'en retiennent plus que 0.029 et 0.024. Il semblerait, à priori, que des argiles siliceuses, rappelant mieux que les marnes une origine feldspathique, doivent être plus riches en potasse. Or c'est justement le contraire dans les argiles blanches du Mourre-Rouge (Vaucluse) et dans les bolbènes vierges du Gers. Mais aussi l'ensemble des sesquioxydes est, dans la première de ces argiles, 1.04 pour 100 seulement ; et, dans la seconde, 2.80 pour 100. Toutefois il ne faut pas tirer une conclusion trop absolue des argiles ocreuses et non calcaires, qui contiennent une énorme proportion de sesquioxyde de fer, jusqu'à 16 pour 100, et sont employées comme argiles plastiques ; l'argile violette et l'argile jaune du Mourre-Rouge sont également très-pauvres en potasse ; mais il est à remarquer que ces argiles ont un très-faible dosage d'alumine attaquable, 1.23 pour 100 pour l'argile jaune la plus riche en sesquioxyde. Il paraîtrait donc que, si le sesquioxyde de fer a des propriétés conservatrices, la présence simultanée de l'alumine hydratée est la garantie naturelle de l'abondance de la potasse dans l'argile. Cependant il ne faut jamais perdre de vue que les remaniements des argiles, avant leur dépôt dans les couches géologiques, ont joué un rôle énorme dans la conservation des éléments solubles.

Quoi qu'il en soit, les agronomes devront être convaincus que la connaissance approfondie des argiles est la base même de la science agrologique. Si l'auteur de ce traité a ouvert quelques aperçus nouveaux sur leur constitution, il ne croira pas son œuvre vaine.

On vient, dans l'examen de la première partie du tableau restreint annexé au Traité, de faire plutôt œuvre de description que de comparaison. La comparaison des sols qui y sont compris résulte bien implicitement de leur description et des remarques qui la complètent; mais il faut, dans l'étude agronomique, des rapprochements explicites. On ne peut pas insister sur ces développements spéciaux dans un Traité qui ne prétend pas exposer la science agrologique, mais indiquer les repères qui peuvent un jour, par le travail des chimistes agronomes, guider dans cette exposition. On pourra alors spécialiser, comparer entre eux des terrains de même formation, et apprécier, dans le laboratoire, les véritables causes des différences et même des nuances qui sont sensibles à l'agriculteur. C'est cette comparaison sur un théâtre restreint, cette monographie qui mettra réellement à la portée des agriculteurs le résultat des études analytiques. Quand, dans un même canton, l'examen de terrains analogues permettra de signaler d'une manière certaine les différences qu'ils présentent étant traités de la même manière, non-seulement pour la facilité des cultures, ou la fertilité considérée d'une manière générale et accusée par le prix de location, mais encore pour le succès de telle ou telle production spéciale, alors d'un seul coup on décrira le mal et on donnera le remède; on réalisera ainsi le progrès le plus désirable, celui qui permet de tirer le plus grand parti possible des forces naturelles, et d'utiliser le mieux possible les petits capitaux d'exploitation. On s'adressera ainsi aux 99 centièmes au moins de l'agriculture française.

Il faut cependant donner quelques exemples de ces mono-graphies, en faisant observer que leur intérêt croît avec leur nombre, et que ce qui était tâtonnement au début devient certitude et science quand les cadres se remplissent.

Voici quatre propriétés consacrées à la culture de la Vigne, appartenant au même diluvium et situées toutes les quatre sur ces collines comprises entre la vallée du Vestre et la vallée du Rhône, dans le département du Gard, sous le nom collectif de Costière, et produisant les vins connus dans le commerce sous le nom de vins de Saint-Gilles. Ces quatre propriétés font les vins les plus réputés de la Costière. Nous les inscrivons sous les numéros suivants :

1° M. Baume, Saint-Gilles, quartier des Magnères ;
2° M. Dugat, Saint-Gilles, quartier de l'Isoarde ;
3° M. Villard, Vauvert, quartier de Vagarnaude ;
4° M. Brunel, Vauvert, quartier du Chemin-Neuf de Saint-Gilles.

Les analyses physiques donnent

	Nᵒ 1.	Nᵒ 2.	Nᵒ 3.	Nᵒ 4.
Pierres.	31.25	45.20	39.50	65.50
Sable.	50.10	42.80	48.00	27.50
Impalpable.	18.45	12.00	12.50	7.00

Les pierres étant considérées comme inertes dans la vé-gétation, la valeur de chaque fonds est proportionnelle à ce qui reste sur 100 parties, déduction faite du chiffre des pierres ; et l'analyse chimique ne portant que sur les deux lots réunis, sable et impalpable, si on veut considérer les éléments déterminés, par rapport à la même surface cultivée, il faut évidemment réduire les résultats d'analyse en les mul-tipliant par le coefficient qui représente la proportion de sable et argile pour chaque terre. Ce coefficient de réduc-tion est :

Nᵒ 1.	Nᵒ 2.	Nᵒ 3.	Nᵒ 4.
0.6875	0.5480	0.6050	0.3450

Par contre, les chiffres du sable et de la partie impalpable, pour être comparés entre eux dans leurs propriétés physiques, qui sont rapportées à **100** parties, doivent être divisés par les mêmes coefficients. On trouve ainsi :

	N° 1.	N° 2.	N° 3.	N° 4.
Sable.	72.80	78.10	79.40	79.70
Impalpable.	27.20	21.90	20.60	20.30

On peut juger, tout d'abord, que ces terres, qui diffèrent beaucoup par l'importance du lot pierreux, ont la plus grande analogie pour la composition de la partie active. Cependant, il y a un avantage très-marqué pour le n° **1**, qui peut être classé dans les terres franches, tandis que les n° **2** et 3 sont à la limite des terres légères, et le n° **4** un sol à la fois léger et pierreux. Ces terres sont donc numérotées dans l'ordre de leurs propriétés physiques.

Voyons maintenant l'analyse chimique :

	N° 1.	N° 2.	N° 3.	N° 4.
Carbonate de chaux	0.164	0.226	0.082	0.055
Carbonate de magnésie	0.378	0.147	0.273	0.410
Potasse	0.100	0.110	0.048	0.074
Sesquioxyde de fer	2.850	2.510	2.760	1.960
Alumine, acide phosphor.	1.660	0.970	1.600	1.230
Eau de combinaison	1.065	0.666	1.030	0.763
Matières organiques	3.293	4.731	3.317	3.008
Inattaquable calciné	90.490	90.640	90.890	92.500

(Colonne : ATTAQUÉS, pour les sept premières lignes.)

Malgré la parenté évidente de ces quatre terres sous le rapport de leur composition chimique, il y a de bien grandes différences dans les éléments solubles propres à entrer dans la végétation ; mais ces différences vont ressortir d'une manière plus frappante en affectant chaque analyse du coefficient qui donne la proportion des éléments solubles pour la même surface dans chacune de ces terres. Voici le tableau:

	N° 1.	N° 2.	N° 3.	N° 4.
Carbonate de chaux	0.113	0.123	0.050	0.019
Carbonate de magnésie	0.239	0.081	0.165	0.141
Potasse	0.069	0.060	0.029	0.026
Sesquioxyde de fer	1.959	1.375	1.670	0.676
Alumine	1.141	0.531	0.968	0.424
Matières organiques	2.264	2.593	2.045	1.062

Sans doute, ces quatre terrains, très-propres à la culture de la Vigne par leur constitution physique et chimique qui les tient constamment perméables et frais et permet aux racines d'aller dans toutes les directions et à toutes les profondeurs, avec une simple culture superficielle, sont cependant pauvres en substances alimentaires et donneraient de bien faibles produits, si on ne fournissait pas des engrais annuels abondants. Mais il ne faut, pas plus pour la Vigne que pour l'Olivier, le Tabac ou les Pommes de terre, etc., se figurer que la comparaison du végétal nourri sur place artificiellement, comme le bœuf est nourri à l'étable, soit rigoureuse. Un traitement absolument pareil donne des résultats bien différents, suivant les ressources propres à l'habitation des plantes, et il n'est pas indifférent pour elles d'aller chercher des aliments concentrés sur des points déterminés en trouvant ou en ne trouvant pas des ressources dans le fonds qu'elles traversent. Ainsi, connaissant l'avidité de la Vigne pour la chaux (puisque les cendres en contiennent 20 pour 100 de leur poids) et pour la potasse (puisque les cendres contiennent 12 pour 100 de leur poids de potasse, et cela dans les sols les plus dépourvus de chaux et de potasse), il sera facile à l'agronome de conclure que les sols n°ˢ 1 et 2 offrent plus d'avantages à la culture et ont une valeur vénale supérieure à celle des terrains n°ˢ 3 et 4, et que le n° 4 en particulier est le dernier de l'échelle. Le n° 2 pourrait se comparer au n° 1 sans deux circonstances importantes. D'abord le n° 2 est plus pauvre en sesquioxydes, conserve moins bien les engrais et a moins de corps; en second lieu, il est pauvre en magnésie, et les cendres de la

Vigne en contiennent habituellement un peu plus de 1 pour 100, ce qui montre la nécessité de la présence de cette terre alcaline dans le sol. Le mérite agricole de ces quatre Vignes se classe dans l'ordre de leurs numéros.

Notre second exemple de comparaison des sols arables sera pris dans une série de terres qui nous ont été fournies par M. Henri Marès, correspondant de l'Institut, et situées dans sa propriété de Launac, dans le département de l'Hérault. Nous les numérotons dans l'ordre suivant :

N° 1. Terre de la Vinasse.
N° 2. Vigne de cinquante ans.
N° 3. Sol vierge du coteau, terrain herme.
N° 4. Terre en labour.
N° 5. Terre du jardin, Aramons.

L'analyse physique de ces différents sols donne :

	N° 1.	N° 2.	N° 3.	N° 4.	N° 5.
Pierres. . .	11.20	36.70	35.20	3.44	14.40
Sable. . . .	74.80	55.70	53.60	81.54	67.90
Impalpable.	14.00	7.60	11.20	15.02	17.70

On voit que les coefficients qui doivent servir de diviseur pour l'analyse physique et de multiplicateur pour l'analyse chimique sont, en raison du lot pierreux :

N° 1.	N° 2.	N° 3.	N° 4.	N° 5.
0.888	0.633	0.648	0.966	0.856

Il en résulte que pour l'ensemble, sable et impalpable, la proportion de la partie impalpable est pour 100 parties :

N° 1.	N° 2.	N° 3.	N° 4.	N° 5.
15.75	12.00	17.28	15.54	20.67

Tous ces terrains sont discontinus et frais, car le carbonate de chaux n'entre que pour une proportion de moins de 2 pour 100 dans leur constitution. Ils sont donc éminemment qualifiés pour la culture de la Vigne; mais dans les sols légers, les plus favorables à une grande production sont évidemment ceux qui se rapprochent le plus d'une terre franche. Le n° 5 aborde justement la limite qui sépare les terres franches des terres légères. C'est donc, au point de vue de la constitution physique, le meilleur terrain de la série. Le plus maigre est le n° 2, et les n°ˢ 1 et 4 sont exactement semblables. Quant au n° 3, comme il s'agit d'un sol non défriché, il est surtout intéressant à connaître comme étant le point de départ naturel de la matière de liaison des autres sols.

Nous passons à l'examen chimique en donnant sur-le-champ les éléments attaquables de chaque sol réduits à la même surface par l'application des coefficients.

	N° 1.	N° 2.	N° 3.	N° 4.	N° 5.
Carbonate de chaux. . .	2.166	0.933	0.553	0.329	1.289
Carbonate de magnésie.	0.559	0.211	0.550	0.415	0.569
Potasse.	0.178	0.034	0.139	0.093	0.172
Sesquioxyde de fer.. . .	2.966	1.959	3.590	2.695	2.990
Alumine.	2.426	1.179	3.052	1.729	2.328
Matières organiques. . .	2.950	2.377	7.468	3.680	3.605
Acide phosphorique.. . .	0.054	0.040	0.041	»	»

Pour l'agronome jugeant ces terrains sans aucune autre donnée que celles du laboratoire, le n° 5 tient la tête pour la composition chimique comme pour la constitution physique. En effet, il contient, dans les plus heureuses proportions, la chaux, la magnésie, la potasse et les matières organiques ; c'est un sol équilibré ; et si l'on ajoute que le dosage des sesquioxydes promet un bon aménagement, tant de la richesse propre du sol que des engrais importés, on aura caractérisé ce terrain. Le n° 1 lui serait presque identique sous le rapport alimentaire. Il est plus riche en chaux ; mais cet excès est du superflu ; il est un peu moins riche en matières organiques. Toutefois, la supériorité de la constitution physique du n° 5 peut seule décider l'agronome à le placer au premier rang. Le troisième rang appartient au n° 4, quoiqu'il soit médiocrement pourvu de l'élément calcaire et moyennement de potasse ; il contient une réserve considérable de matières organiques assimilables, et une proportion de sesquioxydes suffisant à l'utilisation des engrais. Le n° 2 se trouve au quatrième rang à cause de sa pauvreté en potasse ; plus riche en chaux que le n° 4, il est plus pauvre en magnésie, en matières organiques et en sesquioxydes. C'est aussi le sol le plus inconsistant, en sorte que par l'analyse physique il est également placé au dernier rang. Le n° 5, qui représente le sol vierge des garigues, nous montre une fois de plus un exemple de la rupture de l'équilibre nécessaire au succès de la culture, dans la prédominance des débris organiques de la végétation spontanée.

Enfin, on présentera un dernier et grand exemple de comparaison locale dans les terres de Roville déjà soumises en partie à un examen descriptif. On a conservé les dénominations données par Mathieu de Dombasle, et on les inscrit sous les numéros suivants :

N° 1. Terre de la vallée loin de la côte.
N° 2. Vallée améliorée près du bas de la côte.
N° 3. Terre du bas de la côte.
N° 4. Bas de la côte, Nord de Roville, fertile.
N° 5. Terre de la côte, vallée transversale de Roville à la Moselle.
N° 6. Côte Rochet.
N° 7. Marne du village.
N° 8. Terre avec fragments dolomitiques.

Leur analyse physique est la suivante :

	N° 1.	N° 2.	N° 3.	N° 4.	N° 5.	N° 6.	N° 7.	N° 8.
Pierres.	48.50	3.10	2.60	0.20	19.50	13.40	4.40	9.70
Sable.	43.40	87.20	66.00	52.10	43.60	38.50	42.90	24.20
Impalpable.	8.10	9.70	31.40	47.70	36.90	48.10	52.70	66.10

Ce qui donne pour les coefficients qui doivent servir de diviseurs dans l'analyse physique et de facteurs dans l'analyse chimique :

N° 1.	N° 2.	N° 3.	N° 4.	N° 5.	N° 6.	N° 7.	N° 8.
0.515	0.969	0.974	0.998	0.805	0.876	0.956	0.903

En appliquant ces diviseurs à la réunion des deux lots,

sable et argile, la proportion de l'impalpable sur 100 parties de ces deux lots réunis est :

N° 1.	N° 2.	N° 3.	N° 4.	N° 5.	N° 6.	N° 7.	N° 8.
15.70	10.00	32.20	47.80	45.80	54.90	55.10	73.20

Certainement, Roville était un domaine peu fertile et présentant de grandes difficultés d'exploitation ; mais il était admirablement choisi comme champ d'études, et pouvait servir à l'établissement complet de la science agrologique ; car il offre des spécimens de toutes les conditions physiques et de toutes les compositions chimiques, depuis la marne et l'argile jusqu'au sable siliceux. Dans l'analyse physique on voit la proportion de la partie impalpable sur les lots réunis, sable et argile, varier de 10 pour 100 à 73.20 pour 100, c'est-à-dire du lot le plus léger ou le plus inconsistant du sol le plus fort ou le plus compacte, en même temps que l'élément calcaire et magnésien varie de 21 pour 100 à moins de 6 millièmes. On n'y trouve pas de sols immobiles, puisqu'ils sont caractérisés par 29 pour 100 de carbonate de chaux au moins, ni de sables calcaires ; enfin, on s'arrête aux formations métamorphiques, et les terrains ignés manquent. Roville n'en reste pas moins une de ces circonscriptions très-limitées qui présentent la plus grande variété de constitution et, par conséquent, le plus utile champ d'études pour les amendements et les cultures, notamment sous le rapport des forces mécaniques. Il ne serait pas surprenant que de grands progrès dans la mécanique agricole aient été réalisés sur ce point, s'il n'était pas toujours surprenant de trouver réunis les circonstances favorables et le génie qui sait, des difficultés mêmes, tirer le progrès, s'appuyer sur l'obstacle. Le champ d'études n'est pas toujours, n'est pas ordinairement le champ de la fortune. Les esprits vulgaires y trouvent seuls matière à raillerie.

Les sols n°° 1 et 2 de la vallée sont des terrains sablonneux, et le n° 1 est tellement pierreux, que la culture doit en être entravée. Le n° 2 est noté comme amélioré. L'amélioration, à la juger du laboratoire, a dû consister surtout dans l'enlèvement presque complet des pierres au moyen d'outils bien appropriés à ce travail ; car la proportion de la partie impalpable, comparée au sable, a diminué au lieu d'augmenter. Cela s'explique naturellement par l'enlèvement des pierres auxquelles adhèrent les particules les plus fines du sol ; mais cette circonstance exclut l'idée qu'on ait employé sur une grande échelle, comme amendement, des terres n°ˢ 7 et 8 qui auraient modifié la situation physique du sol dans le double sens de sa fertilité et de sa constitution physique. C'est dans un échange de cette nature que doit consister la fertilisation de Roville ; mais l'exécution exige l'emploi de grands capitaux qui n'ont jamais été à la disposition de Mathieu de Dombasle, et qui, du reste, ne trouveraient pas peut-être, en raison de la disposition des lieux et de la difficulté des transports, une rémunération suffisante.

Des terres de la vallée, on passe aux terres de la côte par le n° 3 qui se rapproche de la limite des terres franches. Le n° 6 serait incultivable s'il ne contenait pas près de 8 pour 100 de carbonate de chaux, ce qui le rapproche, pour la ténacité, du n° 5 qui n'en contient qu'un millième. Le n° 8 est absolument impropre à la culture ; nous avons déjà dit que sa constitution physique suffisait à expliquer sa stérilité sans attribuer à la magnésie carbonatée, qui y entre pour sept centièmes, des propriétés stérilisantes. Enfin le n° 7, qui est intitulé marne, ne contient cependant que 16 pour 100 de carbonate de chaux et serait réputé un sol médiocrement calcaire dans le midi de la France. Toutefois, l'énorme proportion de la partie impalpable lui donne la consistance et l'apparence d'une argile marneuse, peu propre à la culture.

Examinons maintenant la composition chimique, réduite à l'unité de surface par l'application des coefficients :

	Nº 1.	Nº 2.	Nº 3.	Nº 4.	Nº 5.	Nº 6.	Nº 7.	Nº 8.
Carbonate de chaux.	0.116	0.166	0.353	6.020	0.085	6.894	15.487	12.240
Carbonate de magnésie.	0.548	0.763	0.614	4.560	0.889	1.109	0.712	6.636
Potasse.	0.042	0.065	0.081	0.343	0.144	0.477	0.585	0.877
Soude.	0.054	0.110	0.097	0.114	0.110	0.099	0.100	0.108
Sesquioxyde de fer.	0.932	1.773	3.818	5.010	3.832	7.534	8.671	8.901
Alumine.	0.386	0.226	1.139	2.925	1.900	1.752	1.945	3.717
Acide phosphorique	0.053	0.084	0.049	0.134	0.046	0.022	0.021	0.078
Matières organiq.	2.429	2.157	3.117	11.093	4.366	7.457	7.516	4.365

Le nº 4 est noté par Mathieu de Dombasle comme fertile, et en effet l'analyse nous le montre très-richement doté de matières organiques. Mais cette seule remarque ne pouvait suffire à établir la fertilité, puisque des terrains très-riches en matières organiques sont absolument stériles, jusqu'à ce qu'on en ait détruit la plus grande partie et surtout jusqu'à ce qu'on ait annulé leur acidité par des écobuages. Mais ici les matières organiques sont une condition essentielle de la fertilité, puisque nous avons affaire à un sol qui contient près de 48 pour 100 d'argile impalpable faiblement marneuse, et qui est rendue maniable à la culture justement par l'abondance des matières organiques. Ainsi, pour l'agronome, le rôle des matières organiques se rapporte dans ce terrain à la constitution physique principalement. Mais l'analyse nous montre, en outre, le nº 4 très-supérieur à tous les autres par le dosage de l'acide phosphorique, et ce seul indice suffirait pour lui donner le premier rang dans l'échelle de fertilité. Si l'on y joint la remarque qu'il est largement pourvu de l'élément calcaire et richement doté en potasse, on aura complété la description d'une terre forte argileuse dans les meilleures conditions de production. On peut, en outre, remarquer que l'abondance des sesquioxydes favorise la conservation des engrais. Une dernière observation n'est pas sans intérêt, c'est que le dosage de la magnésie est énorme dans ce terrain, et exactement dans la proportion avec la chaux qui constitue la dolomie. C'est donc un sol dolomitique, ce que ne savait pas Mathieu de Dombasle, quand il le donnait pour le plus fertile de Roville. On peut donc tenir pour certain que la crainte de la magnésie est un véritable préjugé.

Le n° 5 se montre, à l'analyse physique, à peu près semblable au n° 4, il contient 46 pour 100 de parties impalpables ; c'est donc également une terre forte argileuse, scientifiquement un sol continu, tenace et mobile. Et cependant l'analyse chimique établit sur-le-champ des différences profondes entre ces deux terrains. Le n° 5 est presque dépourvu de chaux ; il n'en contient pas un millième ; le n° 4 en renferme soixante-dix fois autant. Le dosage de la potasse est plus du double dans le n° 4, et celui de l'acide phosphorique exactement le triple. Enfin, les matières organiques ne sont pas assez abondantes dans le n° 5 pour influer fortement sur la constitution physique du sol. En résumé, le n° 5 est une terre forte, propre à la culture, mais qui demande à la fois l'application de grandes forces et de riches fumures.

Si l'on compare le n° 6 au n° 4, en se limitant à l'analyse chimique, on ne voit pas de différence fondamentale. Le n° 6, bien doté en matières organiques, aussi riche en chaux, plus riche en potasse, paraîtrait devoir rivaliser avec le n° 4, sauf pour l'acide phosphorique, dont le n° 4 est abondamment pourvu et qui manque au n° 6. Mais il semble qu'en comblant cette lacune on devrait tirer de beaux produits du n° 6. Cette fantasmagorie s'évanouit en se reportant à l'analyse physique ; on voit que la proportion impalpable est de 56 pour 100 dans le n° 6, qui sort ainsi des terres arables pour rentrer dans les véritables argiles.

Le n° 7 est une marne assez pauvre en chaux, mais riche en potasse. Quant au n° 8, c'est une argile dolomitique dont la richesse en chaux, en magnésie, et spécialement en potasse (qui est énorme), peut faire un amendement d'autant plus utile, qu'elle contient une proportion normale d'acide phosphorique, tandis que la marne du village en est dépourvue.

Si maintenant on se reporte au n° 3, qui est le sol le plus parfait de Roville (au moins dans les échantillons fournis) pour sa constitution physique qui est celle d'une terre forte se rapprochant des terres franches, l'analyse chimique le montre comme un sol, ou épuisé, ou naturellement pauvre, médiocrement pourvu de chaux (moins de 4 millièmes de carbonate), n'ayant que la moitié du dosage normal des terres fertiles en potasse et en acide phosphorique. C'est donc un terrain très-propre à la culture, à la faveur d'engrais ordinaires abondants. Un engrais spécial ne ferait que changer sa pauvreté en misère, après une excitation passagère qui pourrait donner de fausses espérances.

On ne reviendra pas sur les n°ˢ 1 et 2, si ce n'est pour faire remarquer que le n° 2, comme il arrive très-fréquemment pour les sables, est passablement pourvu d'acide phosphorique ; il en serait de même du n° 1, si le dosage réel n'était pas réduit par l'application du coefficient résultant de la masse pierreuse. Ce que demandent ces deux sols, c'est un changement profond dans leur constitution physique qui les amène de l'état de terre maigre à celui de terre franche. Mais, quand on songe que, pour atteindre ce résultat, il faudrait transporter par hectare 400 tonnes du n° 8 dans le n° 2, il est impossible de trancher la question des frais dans le laboratoire.

Enfin on remarquera d'une manière générale que tous ces terrains ont à peu près le même dosage en soude, et que ce dosage dépasse pour plusieurs d'entre eux celui de la potasse. On peut donc affirmer que l'emploi du sel dans l'agriculture est inutile dans le canton de Roville, si toutefois il est jamais utile pour une autre pratique que la nourriture du bétail dans les pays à fourrages acides.

L'auteur de ce traité ne veut pas donner comme irréprochables les jugements qu'il vient de porter sur des terres qu'il n'a jamais vues ailleurs que dans son laboratoire; mais il suffit qu'il fasse sentir la possibilité d'un jugement concluant, pour que l'agrologie soit fondée.

CINQUIEME PARTIE.

Classification des terres arables.

I. — *Considérations générales.*

Si l'on s'est pénétré des principes et des discussions présentés dans les quatre premières parties de ce Traité, on abordera sans difficulté et sans inquiétude les questions de classification, et chacun, en présence d'un tableau complet de l'analyse physique et chimique d'un sol, fera sa classification particulière, suivant les propriétés spéciales qu'il voudra mettre en évidence. L'un classera les terrains suivant la nature de la formation géologique dont il dérive; l'autre suivant sa ténacité ou sa résistance aux agents de la mécanique agricole; un troisième suivant la quotité de l'élément calcaire ou de l'élément siliceux; un quatrième suivant l'abondance des hydrates de sesquioxyde, qui influe à la fois sur la ténacité et le mode d'aménagement des engrais; un cinquième suivant la richesse du sol en aliments proprement dits des plantes, principalement en acide phosphorique et potasse, etc.

L'agriculture est bien une science, mais on ne doit pas oublier que c'est une science technologique. Ce serait poursuivre une chimère que de vouloir atteindre le but que se sont proposé les illustres fondateurs des classifications dans les sciences physiques et naturelles proprement dites.

Comme on a eu l'occasion de le voir plus haut, la consistance du sol sera toujours le caractère dominant pour les praticiens, et la classification naturelle pour le laboureur sera toujours celle qui exprimera les résistances que rencontre sa charrue. Il en est forcément pour lui comme pour l'ingénieur quand il apprécie les terres d'après le rapport entre le temps variable mis à la fouille et le temps constant mis à la charge. Telle terre donne d'un seul mouvement la fouille et la charge ; telle autre exige un fouilleur et un nombre plus ou moins grand de chargeurs ; telle autre exige un nombre plus ou moins grand de fouilleurs pour un chargeur. Ainsi pour le laboureur, du sable pur à l'argile inattaquable, en passant par les terres légères, les terres franches et les terres fortes, il y a une infinité de nuances qui sont les espèces de ces trois grandes divisions.

L'agriculteur ne peut pas être frappé des différences de constitution chimique du sol, par la raison souveraine qu'il ne sort guère de son canton, qu'il a toujours sous les yeux des sols de même formation, et dans lesquels la prédominance d'un des grands éléments constitutifs, soit silice, soit chaux, est un fait constant. Ainsi, un agriculteur de la Bretagne ignore, dans sa pratique, les conditions auxquelles sont assujetties les terres calcaires, et ne s'aperçoit que de la trop grande rareté de l'élément calcaire, parce qu'elle se fait sentir dans l'alimentation de certaines plantes cultivées ; mais la chaux n'est pour lui qu'une question d'engrais en quelque sorte ; jamais il n'a entrevu un sol dans lequel l'élément calcaire fût assez abondant pour modifier la constitution physique. Il faudrait, pour cela, que la proportion du carbonate de chaux dépassât 10 pour 100 du poids de la terre, après séparation des pierres. Comme les classifications ont été presque toujours faites à l'usage des agriculteurs (qui ne s'en servent guère, par l'excellente raison qu'ils se les font à eux-mêmes), il n'est pas surprenant que des savants très-distingués aient établi, dans les terres arables, des classes calquées sur la coutume des agriculteurs à leur portée, en y ajoutant cette précision scientifique qu'ils tiraient de l'examen exact du rôle des parties constitutives du sol dans les qualités qui, reconnues par la pratique, servaient à la classification courante des agriculteurs. Toutefois, indépendamment des espèces, réglées pour les cultivateurs par la résistance des terrains aux instruments de culture, des apparences, telles que le mouvement des eaux, la coloration, etc., etc., frappent leurs yeux et établissent des variétés.

Le point de vue de l'agrologue est complétement différent ; sans doute, le grand fait de la ténacité est pour lui un des éléments dominants d'une classification agricole ; mais appelé à examiner des terrains de toutes les formations et de toutes les compositions, rencontrant sous sa main des sols d'égale ténacité dans l'état de sécheresse, dont l'un contient 30 pour 100 de carbonate de chaux, et l'autre n'en contient que des traces, attaqués par les mêmes instruments avec les mêmes forces, portant le Blé et le Trèfle avec le même succès, mais entièrement différents pour la végétation spontanée et les cultures spéciales ; exigeant, soit pour l'époque et le nombre des labours, soit pour l'aménagement des engrais, des pratiques entièrement opposées, etc., etc. ; l'agrologue, disons-nous, ne peut pas classer les terrains comme le laboureur, puisque ces deux sols, égaux devant le laboureur, sont, à ses yeux, aux deux extrémités de l'échelle agronomique. L'agrologue est donc tenté de faire deux grandes classes naturelles des terrains, les sols calcaires et les sols siliceux, en établissant en quelque sorte une échelle, depuis la terre calcaire pure, comme les paluds du comtat d'Avignon, jusqu'à la terre siliceuse pure, comme la terre d'Automne dans l'arrondissement de Meaux, et en passant par toute une série de sols dont la liaison (s'il est permis d'employer cette expression) est une argile qui passe de la marne à l'argile pure, en présentant successivement tous les rapports entre le carbonate de chaux et la somme des autres éléments, silice, silicate, alumine et sesquioxyde de fer.

Enfin quelques physiciens, notamment M. Masure, frappés avec juste raison du rôle important de cette matière impalpable qui, sous le nom générique d'argile, sert de liaison aux sols qui, sans elle, ne seraient tous qu'un sable inconsistant, rebelle à la culture de tous les végétaux qui n'enfoncent pas profondément leurs racines ; ces physiciens, dis-je, ont voulu établir une classification fondée uniquement sur la proportion de cette matière de liaison dans le sol. Cette vue scientifique, comme la précédente, l'une au point de vue de la botanique, l'autre au point de vue de l'état physique, avait, en outre, l'avantage de se rapprocher de la division établie par les praticiens. Mais c'est justement ce désir de concilier les données scientifiques et la pratique, qui a été l'écueil de cette tentative. En effet, les physiciens, frappés des qualités négatives des carbonates alcalins et magnésiens, ont cru donner plus de précision à leurs principes en excluant de la matière de liaison ces carbonates, comme n'ayant par eux-mêmes aucune propriété adhésive. Cette élimination était sans inconvénients dans les terrains qui ne contiennent qu'une faible proportion de carbonates, et ils ont pu donner ainsi des règles utiles à certains cantons et conformes, dans ces limites, aux données de la pratique. Mais, en sortant d'un cercle restreint, la méthode donne des résultats entièrement faux. Ainsi nous avons montré des sols, comme celui de Fauxbourguette, à Tarascon, durs au point d'être incultivables, qui ne contiennent pas 30 pour 100 de parties impalpables, distraction faite des carbonates de chaux et de magnésie. Cette terre serait donc au passage des terres franches aux terres fortes. La présence de 42 pour 100 de carbonate de chaux et de magnésie la convertit en rocher dans les sécheresses. D'autre part, pourquoi s'attacher plutôt à l'inconsistance du carbonate de chaux qu'à celle de la silice ? On a vu également un sol siliceux, comme celui du clos des Petits-Pommiers, à Saint-Contest (Calvados), parfaitement souple et présentant toutes les qualités d'une terre franche légère, se cultivant avec le pied, comme disent les laboureurs, bien qu'il contienne plus de 33 pour 100 de parties impalpables et seulement 2 pour 100 de carbonates de chaux et de magnésie. Pourquoi cette légèreté d'un sol qui serait classé, terre forte, d'après la méthode des physiciens? C'est que les hydrates de sesquioxydes sont en proportion minime dans le terrain, et que, sans la présence de ces hydrates, la ténacité véritable ne se réalise pas en dehors des cristallisations naturelles ou des agglomérations lentes qui forment les roches. Ainsi, en partant de principes vrais, les propriétés adhésives de l'argile et la friabilité des carbonates alcalino-terreux, on est arrivé à une classification qui n'a qu'une importance locale, parce que la vue a été bornée à un horizon trop limité, et n'a pas tenu compte du rapport entre la silice et le carbonate de chaux pour l'inconsistance, et du rôle prépondérant des hydrates de sesquioxydes dans le fait de la ténacité, rôle qui s'exerce vis-à-vis de toutes les parties impalpables siliceuses ou calcaires, et agit ainsi en véritable ciment des terres arables.

II. — *Classification physique.*

Il faut, sans s'exagérer l'importance et la valeur d'une classification physique des terres arables, et en se rappelant constamment que ce n'est qu'une classification physique, et qu'on peut adopter dans des vues différentes toute autre base que la consistance du terrain, il faut, disons-nous, concentrer dans une synthèse unique les principes généraux qui règlent cette consistance. On pourra se borner aux affirmations sans développements pour ne pas répéter ce qui a été expliqué en détail, en parlant de l'analyse physique.

Un phénomène physique parfaitement indépendant de la diversité des particules est ce qu'on peut appeler la compacité ou, mieux, la continuité du terrain. Ce phénomène est gouverné par les lois générales qui président à tous les mélanges par lesquels on veut arriver à un certain degré de cohésion. Elles dépendent d'un certain rapport entre les vides des parties volumineuses qu'on veut réunir, et la matière de liaison qui ne remplit pas toujours ces vides, mais qui doit les excéder en volume pour réaliser la continuité. Ainsi, pour faire du mortier, on brasse ensemble de 75 à 66 parties de sables avec une quantité de 25 à 33 parties de chaux hydratée estimées en volume. En séparant par la lévigation la partie impalpable d'une terre de la partie sablonneuse, après élimination de toute la partie pierreuse au-dessus de $0^{mm}.7$ de grosseur, et en mesurant avec précision les vides du sable seul, on trouve 41 pour 100 de vide. Un sol est compacte ou continu, dès que, sur 141 parties (sable et impalpable), le sable représente 100 et l'impalpable 41, puisqu'ils ont séparément la même densité. En réduisant ce rapport à 100 parties, *la continuité* commence quand

le sable représente 71 parties,
et l'impalpable   29 parties.

Mais, de ce que la continuité n'est pas complète, il n'en ressort pas nécessairement l'inconsistance. Il en ressort nécessairement la liberté du mouvement des liquides qui est un grand avantage agricole; mais il y a des cohésions partielles qui affermissent le terrain, en sorte qu'une consistance suffisante commence quand

le sable représente 80 parties,
et l'impalpable   20 parties.

C'est dans ces limites entre 20 et 29 parties d'impalpable que se trouvent compris la plupart des terrains que les agriculteurs nomment *terres franches*. Mais il faut une grande précision dans les termes scientifiques, et ne pas confondre la compacité, ou la continuité, ou la consistance avec la *ténacité*. Pour les agriculteurs, l'expression *terre franche* se rapporte à un ensemble de qualités dans lesquelles la ténacité tient le premier rang, en sorte que nous trouverions, sans doute, très-peu de terres franches au-dessous de la proportion de 20 pour 100 d'impalpable, mais beaucoup au-dessus de la proportion de 29 pour 100, toutes les fois que la rareté des hydrates de sesquioxydes conserverait au terrain calcaire ou siliceux cette souplesse et cette perméabilité qui qualifient les terres franches aux yeux des agriculteurs. Il faut donc rester dans la rigueur des termes scientifiques ; l'agronome saura ce qu'il dit en appelant un terrain continu ou discontinu, et ne sera pas embarrassé pour classer ce terrain parmi les terres légères, les terres franches ou les terres fortes, quand il aura analysé les éléments qui le composent.

Quand la partie impalpable dépasse 29 pour 100 du poids des lots réunis, sable et impalpable, la compacité ou continuité va en s'accusant davantage, à mesure que ce chiffre augmente, et le sol cesse de pouvoir être compris dans les terres cultivables, dès que la partie impalpable atteint le chiffre de 70 pour 100, et déjà pour les terrains qui présentent les proportions comprises entre 58 et 70 pour 100 d'impalpable, c'est-à-dire tous ceux où la proportion des particules impalpables dépasse le double des vides de la partie sablonneuse, la culture n'est possible que dans des conditions très-restreintes.

Le second phénomène qui domine la constitution des terres arables est leur état en présence de l'humidité. Certains sols s'imbibent et se gonflent, en quelque sorte, en présence de l'eau ; tandis que d'autres restent invariables de volume et laissent passer plus ou moins rapidement les liquides. On peut donc les diviser en terrains *mobiles* et terrains *immobiles* ; mais cette distinction n'a toute sa portée que pour les sols continus ; car les sols discontinus laissent passer librement les liquides au moyen des vides libres, à moins qu'ils ne soient assez rapprochés de la limite qui sépare les sols continus des sols discontinus ; car l'observateur distingue très-bien, même dans les sols discontinus, ceux qui s'imbibent et retiennent les liquides de ceux qui, une fois la pluie passée, présentent une surface aussi ferme que par le beau temps. Cette faculté des particules impalpables de s'approvisionner en quelque sorte de liquide, et de le retenir en augmentant de volume, peut parfaitement donner, à un sol qui appartient aux terres franches, les apparences momentanées d'un sol compacte et mobile. Cette propriété, si capitale en agriculture, dépend uniquement de la constitution chimique du sol, et presque exclusivement de l'abondance ou de la rareté du carbonate de chaux. Quand la proportion du carbonate de chaux dans la partie impalpable dépasse 29 pour 100 du poids de cette partie, ou même, plus généralement, quand la proportion du carbonate de chaux dépasse 29 pour 100 du poids des lots réunis, sable et impalpable, le sol imprégné d'un réseau continu, invariable est en quelque sorte dégraissé comme une poterie et immobilisé. Non-seulement il n'éprouve plus de variation de volume, mais encore, en raison des propriétés spéciales du carbonate de chaux, il offre aux liquides un transit continu au moyen de la capillarité, et par ce mouvement incessant, suivant les circonstances, amène, soit le desséchement rapide du sol imprégné, soit le courant, de bas en haut, des eaux souterraines qu'il livre à l'évaporation, soit, en l'absence de ce mouvement, une couche inerte, qui amène dans les végétaux cultivés les désastres les plus inattendus.

Ainsi, ce caractère que nous appelons l'*immobilité* commence quand le carbonate de chaux entre pour 29 pour 100 dans le dosage du sol épierré, et va en augmentant avec la proportion de cet élément constitutif. Quand cette proportion atteint ou dépasse 70 pour 100, comme dans certains terrains, on a des sols légers qui sont excellents à la seule condition d'une alimentation constante du mouvement capillaire par des sources souterraines. Il ne faudrait pas penser cependant que, lorsque la proportion du carbonate de chaux est inférieure à 29 pour 100, sa présence en quantité plus ou moins considérable ne se marque pas dans la constitution physique du sol, et qu'un terrain qui contient 25 pour 100 de carbonate de chaux se comporte, sous l'action des météores, comme un terrain qui n'en contient que 2 pour 100. Les propriétés particulières du carbonate de chaux se font sentir plus ou moins suivant son abondance ; mais l'immobilité n'est réalisée d'une manière absolue que par la continuité du réseau calcaire. On ne peut pas scientifiquement distinguer à l'infini ; il y aurait autant de classes que de parcelles. On doit se borner à désigner les points de passage qui marquent le caractère complet. Si, cependant, on voulait faire une assimilation permise, on pourrait dire que les propriétés physiques du carbonate de chaux se font sentir d'une manière marquée à l'agriculteur quand sa proportion est comprise entre 20 et 29 pour 100, exactement de la même manière que la compacité se fait sentir pour la proportion d'impalpable entre 20 et 29 pour 100 et peut caractériser ainsi la plupart des terres qu'on a qualifiées terres franches.

Enfin la troisième qualité qui caractérise les terres arables est leur *ténacité*. Cette qualité ne peut pas se manifester aux instruments de culture, d'une manière sensible, dans les sols discontinus, puisque la matière de liaison insuffisante laisse les parties composantes isolées ; mais, dès que la continuité commence à se manifester, ne fût-ce que par noyaux disséminés dans la masse, la ténacité peut se manifester aussi. Il suffit, pour cela, que les éléments qui la communiquent soient en proportion convenable. Ces éléments sont les hydrates des sesquioxydes de fer et d'aluminium, qui s'accompagnent presque toujours, en sorte qu'il est difficile de discerner la part de chacun d'eux dans la coagulation des terrains ; mais leur isomorphisme et leurs propriétés parallèles autorisent à croire que leur rôle est identique. La somme des hydrates des sesquioxydes varie dans les terres arables de la proportion de 2 pour 100 du poids des lots, sable et impalpable réunis, à celle de 22 pour 100. Il est facile de comprendre que des variations sur une échelle aussi étendue entraînent de grandes différences dans la

consistance du sol. C'est à cause de l'importance de ce dosage que la partie analytique de ce Traité insiste si fortement sur les procédés d'attaque. Ceux exposés dans le
Traité dépouillent parfaitement la terre des hydrates de sesquioxydes, et, en la dépouillant, donnent la preuve sans
réplique du rôle qu'ils jouent dans le phénomène de la ténacité, puisque la ténacité est détruite dans le résidu blanc
composé de silice et de silicates qui a résisté à l'attaque.

Il en est de la ténacité comme de la continuité et de l'immobilité. Il existe une certaine quotité dans les hydrates de
sesquioxydes qui est suffisante pour la réaliser dans un terrain continu ou pour la marquer dans un terrain discontinu. Au-dessus de cette proportion, la ténacité augmente
sans doute, mais dans des limites restreintes ; au-dessous,
au contraire, les différences sont très-sensibles. La proportion d'hydrates de sesquioxydes, qui sont ainsi de limite,
est 10 pour 100 du poids des lots sable et impalpable réunis. On obtient la quotité dans chaque analyse en addition-
nant les dosages des sesquioxydes de fer et d'aluminium
avec l'eau de combinaison calculée à 17 pour 100 du sesquioxyde de fer et 35 pour 100 de l'alumine pesés après calcination.

En résumé, quand on veut, non pas établir un modèle de
classification ou un tableau général de classification des
terres arables, mais donner les principes rigoureusement
scientifiques qui permettent à chaque agronome de dresser
la classification physique d'un nombre plus ou moins grand
de terres arables, il faut trois intitulés :

1° Continuité ; 2° immobilité ; 3° ténacité.

Sous le premier titre, on range les terres suivant l'importance du lot impalpable ; sous le second, suivant l'importance du dosage en carbonates de chaux et de magnésie ;
sous le troisième, suivant l'importance du dosage en hydrates de sesquioxydes. On peut ensuite prendre indifféremment pour l'ordre général de classification l'un de ces classements particuliers, et inscrire les dosages appartenant à

chacun des deux autres, vis-à-vis de chaque terre, dans deux colonnes portant l'intitulé de chaque nature de dosage. Enfin, une quatrième colonne porte, en trois mots escortés d'un adverbe, la description qui résulte des chiffres. L'agronome peut y joindre, dans une cinquième colonne, les synonymies admises par la pratique agricole.

Voici des exemples de classement physique dans les trois systèmes, pour les mêmes terres, afin de mieux montrer l'indifférence du choix :

	CONTINUITÉ. Lot impalpable.	IMMOBILITÉ. Carbonates de chaux et magnésie.	TÉNACITÉ. Hydrates de sesquioxyde.	DESCRIPTION.
Sérignan..	82.35 (1)	56.64 (2)	9.60 (5)	Très-compacte, très-immobile, moyennement tenace. Marne.
Roville....	66.50 (2)	20.97 (6)	17.20 (3)	Très-compacte, mobile, très-tenace. Argile dolomitique.
Camargue..	55.40 (3)	31.84 (3)	6.18 (7)	Très-comp., immobile, moyennement tenace. Terr. salant.
Althen....	52.50 (4)	89.70 (1)	2.32 (9)	Très-compacte, très-immobile, sans ténacité. Terre calcaire.
Tonctet....	48.50 (5)	0.82 (9)	10.25 (4)	Très-compacte, très-mobile, tenace. Argile siliceuse.
Syracuse...	37,25 (6)	1.84 (8)	22.39 (1)	Compacte, très-mobile, très-tenace. Argilo volcanique.
Voreppe...	25.00 (7)	25.60 (5)	8.85 (6)	Peu compacte, peu mobile, peu tenace. Terre franche.
Limagne...	17.00 (8)	7.64 (7)	18.54 (2)	Discontinu, mobile, ténacité partielle. Terre basaltique.
La Hart...	8.60 (9)	27.28 (4)	4.05 (8)	Discontinu, immobile, sans ténacité. Sable silicéo-calcaire.

Le numérotage des seconde et troisième colonnes suffit parfaitement à montrer la complète discordance entre les classements qui partent de l'un ou de l'autre des éléments caractéristiques du sol. Ce tableau montre aussi, et surtout, qu'une des trois données, séparée des deux autres, est parfaitement vaine. Le plus fort dosage en sesquioxydes, comme dans la Limagne, peut laisser le terrain très-souple à la culture, si le sol est discontinu, la ténacité ne se manifestant que sur des noyaux parsemés, et disparaissant, du reste, sous l'influence de l'humidité. Le terrain le plus compacte et le plus immobile, comme celui d'Althen, peut n'avoir, dans les sécheresses, que la consistance de la cendre, à cause de la rareté des sesquioxydes. Par opposition, un sol compacte et immobile, comme celui de Camargue, peut présenter une ténacité moyenne qui est, du reste, quelquefois singulièrement augmentée, dans les sécheresses, par la cristallisation du sel marin. Ce qui fait le mérite incontestable de certaines classifications, notamment de celle donnée par M. Masure, c'est qu'elles s'appliquent à une série de terrains qui tous sont faiblement dotés en chaux et moyennement dotés en sesquioxydes. Alors la seule considération du dosage de la partie impalpable suffit à régler les rangs. Cette méthode n'est plus applicable quand on considère l'ensemble des terres arables; comme tous les éléments actifs se présentent dans des proportions variables d'une extrémité à l'autre de l'échelle, il arrive que le sol le plus compacte peut être le plus souple ; et cela ne se voit pas seulement dans les sols calcaires, nous avons vu la terre siliceuse de Saint-Contest très-souple, malgré la rareté du calcaire, parce que le dosage des sesquioxydes est faible. On peut donc conclure que, dans des sols de même formation et de composition chimique analogue, l'ordre du classement, fondé sur l'importance du lot impalpable, peut être utilement employé et donne des résultats conformes à la routine agricole locale, mais que l'agrologue ne saurait l'adopter sans inconséquence.

Dans l'état actuel de nos connaissances, la classification physique des sols arables ne peut aller plus loin. Cependant il resterait une lacune, si on ne tenait pas compte du rôle, quelquefois important, des matières organiques, dans l'état physique de certains terrains. On a vu, dans le courant du Traité, que le dosage ordinaire des matières organiques varie de 1 1/2 à 3 1/2 pour 100 dans les sols calcaires, et de 3 à 6 pour 100 du poids de la terre dans les sols siliceux. Dans ces limites, la présence des matières organiques n'a pas d'influence sensible sur la constitution physique du terrain ; elle n'est importante que pour l'alimentation des plantes. Mais il existe, par exception, des terrains qui contiennent de 8 à 20 pour 100 de leur poids de matières organiques, et, comme ces matières sont surtout ligneuses (autrement dit, ternaires) et charbonneuses, elles occupent un grand volume variable suivant l'état hygrométrique, et rendent le terrain souple et mobile. Ce caractère dominant des matières organiques a fait donner à ces terrains le nom d'humifères. Des sols argileux qui, par leur composition chimique, auraient une ténacité insurmontable deviennent ainsi maniables. L'emploi de la végétation spontanée et de l'accumulation des détritus est souvent la seule voie pratique pour convertir des argiles siliceuses, marneuses ou ocreuses en terrains cultivables.

III. — *Classification physiologique.*

L'impossibilité d'arriver à un système rationnel de classement des terres, par la combinaison des propriétés physiques des parties composantes, a amené les agronomes, et à leur tête le comte de Gasparin, à prendre pour base de classification les propriétés physiologiques. Il était naturel, en effet, qu'un agriculteur se préoccupât, avant tout, des végétaux que chaque nature de terrain pouvait faire prospérer, et rangeât, en quelque sorte, les sols d'après la nature de leur production, en partant des données fournies par la végétation spontanée. Cela était surtout naturel pour le comte de Gasparin, qui, parmi des connaissances scientifiques merveilleusement variées et étendues, possédait plus intimemement l'histoire naturelle, qui avait été l'étude principale de sa jeunesse. En partant de cet ordre d'idées, il avait été frappé des différences profondes qui séparent la flore des terrains calcaires de celle des terrains siliceux, et avait placé, en tête de sa classification, la division des sols en sols calcaires et sols siliceux ; puis, naturellement, chacun de ces deux grands ordres se divisait en classes, en raison des qualités physiques. On voit

que les idées physiologiques ramènent exactement dans le
même cercle où nous ont conduit les considérations purement physiques ; seulement, dans les trois têtes des colonnes
qui contiennent les dosages des éléments de la constitution
physique (compacité, mobilité, ténacité), le comte de Gasparin, s'appuyant sur les données de l'histoire naturelle,
donnait, sans hésiter, le premier rang à la seconde, la mobilité ou l'immobilité caractérisées par le dosage du carbonate
de chaux. Les agronomes se rangeront, sans doute, à cette
opinion et, autant qu'ils attacheront à la classification une
importance sérieuse, feront les classes d'après le dosage du
carbonate de chaux. Chaque classe sera alors subdivisée en
familles d'après le dosage de la partie impalpable, et chaque
famille en espèces d'après le dosage des sesquioxydes hydratés. Il faut seulement tenir compte de l'influence physique de la présence du carbonate de chaux en différentes
proportions, pour faire une bonne division de classes.

Première classe. — Plus de 70 pour 100 de carbonates
Deuxième classe. — De 30 à 70 pour 100 de carbonates
Troisième classe. — De 20 à 30 pour 100 de carbonates
Quatrième classe. — De 1 à 20 pour 100 de carbonates
Cinquième classe. — Moins de 1 pour 100 de carbonates
} Dans les lots réunis, sable, et impalpable.

Chacune de ces classes contiendrait quatre familles, suivant le lotissement de la partie impalpable, sur l'ensemble sable et argile, après séparation du lot pierreux
par le tamis à mailles carrées de 1 millimètre. Ces quatre familles seraient :

Première famille. — Lot impalpable supérieur à 70
pour 100
Deuxième famille. — Lot impalpable compris entre 30
et 70 p. 100
Troisième famille. — Lot impalpable compris entre 20 et
30 p. 100
Quatrième famille. — Lot impalpable inférieur à 20
pour 100
} Des lots réunis, sable et impalpable.

Enfin chacune des familles serait divisée en quatre es-

pèces, en raison du lotissement des hydrates de sesquioxydes sur l'ensemble sable et argile.

<table>
<tr><td>Première espèce. — Dosage des sesquioxydes supérieur à 10 p. 100</td><td rowspan="4">Des lots réunis, sable et impalpable.</td></tr>
<tr><td>Deuxième espèce. — Dosage des sesquioxydes compris entre 7 et 10 p. 100</td></tr>
<tr><td>Troisième espèce. — Dosage des sesquioxydes compris entre 4 et 7 p. 100</td></tr>
<tr><td>Quatrième espèce. — Dosage des sesquioxydes inférieur à 4 p. 100</td></tr>
</table>

On aurait ainsi quatre-vingts espèces qui comprendraient
toutes les terres du monde, divisées en cinq séries; si l'on
voulait se borner à des monographies, il est probable que le
plus souvent une seule série, ou deux au plus, suffiraient à
embrasser tous les sols à étudier dans une circonscription
étendue. Toutefois les sols humifères échapperaient à cette
classification comme à toutes celles qu'on a tentées, et for-
meraient une classe spéciale, dont le dosage en matières organiques réglerait les familles, et le dosage en carbonate
de chaux les espèces.

Les quatre-vingts espèces qui résultent de la classification
normale que nous donnons ne s'appliquent pas toutes à
des terres arables. Toutes les familles dans lesquelles le lot
impalpable est supérieur à 70 pour 100 appartiennent aux
craies, marnes et argiles incultivables. Il n'y a donc, en
réalité, que trois familles par classe, ce qui réduit le nombre
des espèces à *soixante*. Si on ajoute que la première classe
ne contient jamais plus de 4 pour 100 de sesquioxydes hydratés, on voit que le nombre des espèces est réduit définitivement à *cinquante-sept*.

IV. — *Classification chimique.*

Les classifications précédentes empruntent à la chimie
leurs lignes principales, bien que l'idée maîtresse procède, pour la première, de la mécanique, et, pour
la seconde, de la botanique. Il reste une troisième

échelle de classification, à laquelle nous donnons assez improprement le nom de chimique ; car elle mériterait mieux que la précédente le nom de classification physiologique. Elle serait fondée sur les pouvoirs du sol en aliments propres des végétaux cultivés, et principalement en aliments minéraux, acide phosphorique, potasse, chaux et magnésie. On a vu que la magnésie est généralement répandue dans les terres arables, et on n'a pas encore d'observation réellement scientifique qui ait signalé des résultats positifs dus à sa rareté. On n'a à se préoccuper de la chaux que dans les terrains de la cinquième classe de la classification précédente, c'est-à-dire dans douze espèces ; mais ces terrains sont très-nombreux. L'acide phosphorique et la potasse sont nécessaires partout ; mais la potasse existe naturellement en provision suffisante dans la plupart des terrains, tandis que le phénomène inverse est vrai pour l'acide phosphorique. Enfin les substances quaternaires azotées, malgré leur énorme importance, sont fournies annuellement par voie d'importation. Il est donc évident qu'une classification divitiale, s'il est permis de s'exprimer ainsi, doit être ordonnée d'après le dosage de l'acide phosphorique.

1° Terrain très-riche, quand il contient plus de 2 millièmes d'acide phosphorique ;

2° Terrain riche, quand il contient de 1 à 2 millièmes ;

3° Terrain moyennement riche, quand il contient de 1 demi-millième à 1 millième ;

4° Terrain pauvre, quand il contient moins de 1 demi-millième.

On pourrait, sans doute, subdiviser ces classes en espèces d'après le dosage de la potasse ; mais il est facile de voir qu'un simple tableau d'analyses bien faites, ordonnées d'après le dosage en acide phosphorique, vaudra mieux que toutes les classifications systématiques ; car il apprendra, en un seul coup d'œil, toutes les qualités physiques et alimentaires.

C'est la conclusion de ce Traité. La classification n'est pas faite ; elle est à peine commencée ; elle dépend du travail des chimistes agricoles. Au milieu de bien des dégoûts, ils voient au terme de leur travail le progrès de la richesse agricole de leur pays ; on peut tout attendre de leur dévouement.

TABLE DES MATIÈRES.

PARIS. — IMP. DE Mᵐᵉ Vᵉ BOUCHARD-HUZARD, RUE DE L'ÉPERON, 5.

www.ingramcontent.com/pod-product-compliance
Ingram Content Group UK Ltd.
Pitfield, Milton Keynes, MK11 3LW, UK
UKHW021528090726
13657UKWH00001B/463